Les derniers jours de la gauche

Du même auteur

Les Derniers Jours de François Mitterrand, Grasset, 1997 (nouvelle édition, 2015)
La Comédie des Orphelins : les vrais fossoyeurs du gaullisme, Grasset, 2000
La guerre de l'Élysée n'aura pas lieu, Grasset, 2001
Maquillages : les politiques sans fard, Grasset, 2012
Rêvons !, avec Marc Jolivet, Flammarion, 2013
Dictionnaire amoureux du théâtre, Plon, 2015

Christophe Barbier

Les derniers jours de la gauche

Flammarion

ISBN : 978-2-0814-0445-8

À Benjamin Biolay,
pour sa fidélité aux êtres et aux idées

« Il n'y a plus de gauche, il n'y a que des moribonds
Il n'y a plus d'ébauche, plus que de vilains brouillons
Il n'y a plus de chance, il n'y a que des décisions »

Sans viser personne, album *La Superbe*, Naïve, 2009.

Au chat de Jean Racine

« Au bout de l'univers va, cours te confiner,
Et fais place à des cœurs plus dignes de régner »

Titus dans *Bérénice*,
acte IV, scène 4.

Comme un prélude

Pavane pour une gauche défunte

C'est tous les jours tempête. L'élection présidentielle de 2017 est une suite de bourrasques, un orage qui déracine aujourd'hui les chênes d'hier et déchirera demain les cerfs-volants d'aujourd'hui. L'élection présidentielle de 2017 est un tourbillon sans pitié qui engloutit tous ceux qui ont failli à la tâche, un instrument de vengeance populaire, une ordalie géante qui dévore ceux qui veulent conserver ou retrouver le pouvoir. L'élection présidentielle de 2017 est le rendez-vous donné par un peuple qui cesse de pardonner à des ambitieux qui ne cessent pas de promettre. L'élection présidentielle de 2017, c'est la nouvelle révolution française, placidement implacable, qui fait tomber les têtes sans verser le sang.

Par-delà la compétition des candidats, l'enseignement essentiel du scrutin en cours est la disparition du clivage droite-gauche. Des lignes de force nouvelles relient des ennemis, des clivages inédits fracturent des familles. La surenchère des promesses sociales court ainsi de Benoît Hamon à Marine Le Pen, le rejet de l'immigration s'affirme chez Jean-Luc Mélenchon presque autant que chez François Fillon. Le souverainisme, assumé ou latent, traverse tout l'échiquier, qui affleure chez Fillon, séguiniste opposé à Maastricht en 1992, perce chez Hamon, « noniste » lors du référendum de 2005, explose chez Le Pen et Mélenchon. L'élection présidentielle de 2017, c'est la nouvelle Révolution française, avec ses aristocrates régicides et son maelström de classes sociales. Un pays cul par-dessus tête, ravi de l'être et en même temps terrifié de vertige.

Un homme résume ce bouleversement : Emmanuel Macron. Inconnu du grand public il y a mille jours, devenu la coqueluche de la France éduquée, il rassemble les bonnes volontés de droite et de gauche, il attire les opportunistes de gauche et de droite. À l'obsolète opposition droite/gauche il substitue des alternatives signifiantes : réformateur/conservateur ; européen/souverainiste ; libéral/étatiste ; mondialiste/nationaliste. Macron transforme ce scrutin, un temps, en une question simple : ce type peut-il être président ? Et la réponse est : oui, s'il convainc le peuple et ne se contente pas de séduire les élites. Alors, il sera la révolution.

La droite, réchauffée par une fausse unité et coagulée par l'espoir de victoire, cache ses dissensions et semble ne pas vouloir disparaître. Mais si elle ne prend pas l'Élysée le 7 mai, elle explosera de suite. La gauche, elle, n'a plus les moyens de se bercer d'espoirs ni d'illusions. Le retrait de Hollande, la défaite de Valls à la primaire, la ligne utopiste de Hamon, la dureté de Mélenchon et l'épopée Macron tracent son chemin de croix. La gauche est au calvaire, elle entre dans les ténèbres en ignorant quelle aube écrire, quelle résurrection espérer.

Broyé dans l'étau de la République bipolaire, jamais le centre ne fut vraiment aux commandes depuis 1958. Même Valéry Giscard d'Estaing, élu président en 1974, était minoritaire dans sa majorité. Le rêve de Macron est celui-là : dépasser par le haut les oppositions partisanes, gagner par le centre et gouverner par la réforme. S'il échoue, le populisme aura le champ libre. Raconter les derniers jours de la gauche, c'est narrer ces révolutions entremêlées.

C'est tous les jours tempête, en espérant que ce ne soit pas pour toujours naufrage.

INTRODUCTION

1971-2017 : Ci-gît la gauche
Du semeur Mitterrand au fossoyeur Hollande

François Mitterrand chausse d'épaisses lunettes et déplie quelques feuilles ; devant lui se dressent, pycnogonides curieux, une poignée de micros. Au-delà, c'est la brume. Celle du gymnase Léo-Lagrange d'Épinay-sur-Seine, envahi par la fumée de cigarette que transperce l'arrogant soleil de printemps, découpé en larges tranches par les hautes baies vitrées. Celle du Congrès d'unification des socialistes, qui se cherche une stratégie, une ligne, un chef. Celle de sa vie, entamée à droite, poursuivie dans les clairs-obscurs de Vichy puis de la Résistance, épanouie dans les marécages de la IVe République, égarée dans les jardins de l'Observatoire, sublimée lors de la présidentielle de 1965, diluée dans le torrent de Mai 1968…

Ce 13 juin 1971, François Mitterrand enfourche à nouveau le destrier du destin, il serre les premiers nœuds d'une corde qui hissera les socialistes au pouvoir, il réinvente la gauche. Quelque chose s'est brisé à Tours le 30 décembre 1920, qui ici ne se recolle pas, mais les morceaux se rapprochent. Quelque chose a commencé le 25 avril 1905 à Paris, qui s'appelle le socialisme unifié français, qui revit soudain.

Ce qui a commencé le dimanche 13 juin 1971 s'arrêtera définitivement le lundi 15 mai 2017, jour probable où François Hollande passera les pouvoirs à son successeur. Quelle direction prendra alors le président sortant ? Vers quel domicile inconnu se dirigera celui qui a changé de compagne au pouvoir et n'a plus d'adresse civile ? Dans quel bureau offert par la République déposera-t-il ses crayons et ses cartons, celui qui n'a plus d'avenir politique, alors même qu'il sera deux ans plus jeune que Mitterrand en 1981 ? Par quel parti passera-t-il, cet ex-président révoqué par l'opinion, dont les amis se déchirent et dont les militants sont une escouade maigrelette ?

Le 17 mai 1995, François Mitterrand, avant d'aller rue de Bièvre, se rend rue de Solferino, et s'adresse une ultime fois aux militants du PS. Il leur dit qu'ils incarnent l'alternance, que le socialisme a réussi l'épreuve du pouvoir, que les Français se tourneront vers eux quand ils chercheront plus de justice et plus de liberté. Il leur dit aussi qu'ils retrouveront plus vite qu'ils ne le croient le chemin du pouvoir. Tout ce qu'il énonce est vrai, et aux vingt-quatre années d'ascension qu'il a incarnées, de 1971 à 1995, vont succéder vingt-deux années d'inéluctable déclin, de décomposition, mais dont ne seront absentes ni les soirées de victoires électorales, ni les périodes de pouvoir, ni même les réformes réussies. Les socialistes revivront les plaisirs de la majorité parlementaire, les joies des ministères, l'ivresse de porter l'un des leurs à l'Élysée.

Tout cela est fini. L'aventure du socialisme français ne continuera pas après le quinquennat de François Hollande. Il ne s'agit ni d'une pause ni d'un mitan, mais d'un terminus.

D'un François l'autre, Hollande achève ce que Mitterrand a entamé, Hollande éteint ce que Mitterrand a allumé ; aux yeux de l'Histoire, Hollande est le fossoyeur, Mitterrand le semeur. L'actuel président a commencé sa carrière au service de l'autre, comme conseiller à l'Élysée en mai 1981, mais s'il est l'acteur principal du délitement fatal du socialisme, il n'en est pas le responsable – en tout cas, pas le seul. Cette dégénérescence est dans la « nature des choses », comme aurait dit le général de Gaulle, elle prend sa source dans la Silicon Valley plutôt que rue de Solferino, elle doit plus à la mondialisation qu'à la guerre des frondeurs contre Manuel Valls et son 49.3. « Les temps n'étaient pas encore mûrs », geint Karl Liebknecht avant de mourir, le 15 janvier 1919, quand les spartakistes berlinois sont écrasés. Les temps sont à la décomposition, que François Hollande n'a su, ni peut-être voulu, combattre.

Tout est querelle quand la mer se dérobe et que le naufrage approche. Sur le radeau de *La Méduse*, on s'entre-dévore avant de sombrer, mais on sombre quand même. Voilà ce que furent les dernières années, voici ce que sont ces derniers mois, et cette guerre civile semble d'autant plus sanglante que la baigne un soleil de crépuscule.

Elle s'appelait unie ou plurielle, rouge-rose-verte, première, deuxième et troisième, sociale-démocrate, réformiste ou gestionnaire. Elle parlait Europe, école et République, justice, culture et progrès scientifique. Elle a perdu ses idéaux, elle a brisé ses alliances, elle a oublié ses ambitions.

J'ai vu finir la gauche ancienne. J'ai vu les derniers jours de la gauche.

* * *

À la source, on trouve toutes les leçons, tous les codes. Que dit François Mitterrand à la tribune d'Épinay, entre deux allusions amusées aux rites désuets du congrès, trois piques à Jean Poperen et un éloquent hommage aux catholiques de gauche ? D'abord, qu'il faut faire l'union, dont il dessine le périmètre : il s'agit de s'allier les communistes, les gauchistes et les libéraux. Aujourd'hui, les communistes, embarqués dans l'aventure personnelle de Jean-Luc Mélenchon, n'ont pas de mot assez durs pour le Parti socialiste et François Hollande. Quant au leader du Parti de gauche, il lance le 23 août 2014 que « M. Hollande, c'est pire que M. Sarkozy ». L'Union de la gauche est retombée en dessous de la cote 1971…

Mais le communisme d'avant 1981, c'est surtout le prolétariat. Or les damnés de la terre sont partis vers le Front national depuis des années. Le FN, premier parti ouvrier, qui atteint 43 % dans cette catégorie sociale aux régionales de décembre 2015, soit le score que réalisaient auprès d'eux tous les partis de gauche réunis le 21 avril 2002, quand Jean-Marie Le Pen, déjà, devança Lionel Jospin ! Le pauvre, le prolétaire, l'écrasé était communiste ou socialiste, il devient lepéniste. Cette constante des décennies 80 et 90 est une vague de fond électorale, partie des années Mitterrand, gonflée par l'échec social de ses deux septennats et salée par le machiavélisme présidentiel, qui sut ainsi affaiblir arithmétiquement la droite et la piéger moralement : sans le FN, elle perd les élections ; avec le FN, elle perd son âme – et, souvent, les élections ! Mais le tsunami ne se contente pas d'engloutir l'archipel de la droite, il ravage les plages de la gauche. Après les ouvriers, ce sont les employés qui passent au lepénisme, pour un tiers d'entre eux, quand le socialisme trente ans plus tôt leur permettait de revendiquer sans se compromettre avec le bolchevisme. Aujourd'hui, tous ceux qui sont en colère, tous ceux qui sont déclassés, tous ceux qui croient aux lendemains qui déchantent peuvent voter pour le Front national – et pensent souvent le faire. *La France périphérique* décrite par Christophe Guilluy, celle des « petits blancs » et des catégories populaires des milieux périurbains, éloignés des centres-villes intégrés des bobos comme des banlieues homogènes des immigrés, fournit des bataillons d'électeurs. Mitterrand voulait la rupture avec le capitalisme, mais celui-ci a gagné la partie planétaire, et son nouvel avatar, la mondialisation, a échappé au contrôle des héritiers du premier président socialiste.

Celui-ci, dans un emballement de circonstance, déclare, à la tribune d'Épinay, la guerre à « toutes les puissances de l'argent, l'argent qui corrompt, l'argent qui achète, l'argent qui écrase, l'argent qui tue, l'argent qui ruine, et l'argent qui pourrit jusqu'à la conscience des hommes ! » Il ne crache pas pour autant, lors des campagnes électorales, sur celui que lui prodiguent Roger-Patrice Pelat et d'autres amis heureux en affaires, mais la diatribe a de l'avenir, jusqu'au « Cet adversaire, c'est le monde de la finance » lancé par François Hollande le 22 janvier 2012 au Bourget. « Je vais vous confier mon secret, ce secret que j'ai gardé depuis longtemps, mais que vous avez sans doute découvert : j'aime les gens, quand d'autres sont fascinés par l'argent », ajoute alors le candidat socialiste. Telle est l'illusion : croire que le désintéressement sincère d'un homme fait une politique. La taxe européenne sur les transactions financières, mince avancée, est la seule victoire de Hollande sur son « adversaire », dont il aime, dans ses confidences, faire un « ennemi ». La gauche se meurt de nous vendre un combat séculaire contre la finance, qui n'est pas l'enjeu. Si l'argent, en effet, « corrompt, tue, ruine et pourrit jusqu'à la conscience des hommes », sa condamnation relève de la morale, non du politique. Ce dernier doit utiliser l'argent, le canaliser, l'orienter pour que la richesse des uns profite à tous, il doit flatter l'enrichissement des individus pour construire celui des nations. L'Histoire l'enseigne : moins de riches, ce n'est jamais moins de pauvres ; des riches moins riches, ce n'est pas forcément des pauvres moins pauvres. L'un des défis majeurs de la mondialisation, c'est de contourner l'impôt. Les firmes lui échappent grâce à la concurrence fiscale entre les pays et les individus se soustraient à son emprise par un nomadisme bien conseillé. La faute de la gauche, c'est de lutter en durcissant les règles anciennes, alors qu'il faut en inventer d'autres. Hollande, sourd et aveugle, expérimente dès 2012 le fameux « Trop d'impôt tue l'impôt » : « pigeons », « poussins » et « bonnets rouges » suffiront à peine à le dessiller. Le coup de marteau fiscal du début du quinquennat étourdit les contribuables, mais la riposte électorale assomme la gauche, d'un choc létal. Trop de socialisme tue le socialisme.

La rage fiscale, qui fait fuir les riches et laisse les pauvres à la charge des classes moyennes supérieures, n'a convaincu aucun « communiste » de soutenir la majorité présidentielle. Elle n'a ramené vers les partis de gouvernement aucun prolétaire lepénisé, exempté d'impôt sur le revenu, mais a poussé vers le populisme ceux qui ont commencé à en payer un !

Le hollandisme est fiscalement faux, économiquement faible, politiquement fou.

* * *

Ces gauchistes qu'il veut rallier, Mitterrand le dit dès juin 1971, c'est l'autre nom, abusif, de la jeunesse, avec ses tentations radicales et ses désirs d'abattre ce qui est. Où est-elle, en 2017, la jeunesse ? La part la plus favorisée embrasse la mondialisation que la gauche n'arrive pas à penser, et trace son avenir hors du cadre national. Celle-ci s'éloigne de la politique et de la nation par le haut, et cherche une orbite lointaine pour vivre son destin en satellite.

La part la plus meurtrie vit le sien en souterrain, se réfugie dans toutes les anfractuosités de l'existence, au mieux l'assistanat, au pire l'islamisme, la délinquance, la drogue ; entre les deux, il y a ce repli identitaire et protestataire qui s'appelle lepénisme. Le FN, premier parti chez les jeunes – du moins parmi ceux qui votent encore : n'est-ce pas la plus cuisante défaite de la gauche ? C'était à elle de bâtir un avenir pour les enfants de l'immigration, en réformant l'école républicaine et en aidant les industries à créer des emplois. Elle a préféré l'idéologie soixante-huitarde et le pédagogisme à l'ascenseur social, le droit des minorités à l'intégration. Elle a préféré le social à l'économique, elle a préféré indemniser les chômeurs plutôt qu'aider les patrons.

Il demeure une jeunesse qui ne sombre ni ne s'envole, celle qui devra reconstruire la France demain. Elle travaille, s'intéresse à la politique et désire un avenir hexagonal. Celle-là, depuis un an, s'enthousiasme pour Emmanuel Macron et son social-libéralisme. Les temps sont à l'envers, qui opposent fin du hollandisme et début du mitterrandisme, avec de ce côté-ci du tunnel une jeunesse qui réclame plus de liberté d'entreprendre et de l'autre une jeunesse qui voulait détruire l'idée même d'entreprise. L'une compte réenchanter le collectif par l'épanouissement individuel, l'autre entendait transcender l'individu dans le collectivisme. Le macronisme, c'est l'envers du gauchisme, son négatif, c'est-à-dire qu'il s'agit de la même chose tout en étant son contraire : l'aspiration d'une jeunesse à maîtriser son destin et à enfanter un monde nouveau.

La gauche, finalement, n'a peut-être été que l'instrument des baby-boomers pour confisquer tous les pouvoirs. Cette classe d'âge qui est née assez tard pour éviter la Seconde Guerre mondiale et les conflits de la décolonisation, mais assez tôt pour échapper au chômage de masse et au déclin français, a joui de la libéralisation des mœurs et de l'explosion du consumérisme, elle a profité de l'inflation pour s'endetter à moindres frais et se doter d'un patrimoine, du plein-emploi pour se bâtir des carrières confortables, des réseaux tissés à vingt ans, dans les grandes écoles ou les chapelles politiques, pour accaparer tous les lieux de pouvoir. Cette génération bénie des dieux mais que maudiront ses descendants n'a réglé aucun des problèmes nés de la crise économique, elle s'est contentée d'organiser l'endettement nécessaire à la sauvegarde de ses privilèges.

Dans l'édification de cette forteresse d'égoïsme, la gauche a fourni le ciment, les pierres et les maçons. Le ciment, c'est la supériorité morale, cette domination idéologique qui a rejeté la droite et tous ceux qui contestaient 68 dans le camp du conservatisme et de la réaction. Gloire à François Mitterrand : avoir étouffé le communisme a disculpé la gauche gouvernementale de toute compromission avec le totalitarisme, et elle n'a gardé que les engouements romantiques falsifiables, tel le castrisme.

Les pierres, ce sont, empilées, toutes les pseudo-réformes qui ont prolongé le système en envoyant la facture dans le futur plutôt que de changer le système. Adapter le modèle social à une démographie essoufflée et à une croissance anémiée : pourquoi la gauche ne l'a-t-elle pas fait ? Anticiper les évolutions de la production de richesses pour que revenu et travail se distinguent sans douleur, pour que salariat et activité ne soient plus confondus, pour que l'entreprise individuelle devienne la vraie rupture avec le capitalisme : pourquoi la gauche ne l'a-t-elle pas fait ? Observer la planète et saisir les chances de la mondialisation, cette nouvelle internationale, pourquoi la gauche ne l'a-t-elle pas fait ? La réponse tient en un mot : conservatisme. De 1981 à 2017, le camp qui prétendait rompre avec l'ordre établi consacre toutes ses forces à le préserver, parce que cette caste est devenue l'ordre établi, gestionnaire intransigeant des privilèges conquis. Aider les plus jeunes ? Ce serait inviter à la table des baby-boomers les classes d'âge chargées de financer le repas par leurs cotisations et leurs sacrifices.

Les maçons, ce sont les milliers de fonctionnaires, ministres, intellectuels et plus ou moins puissants de toute nature qui ont présidé à la grande congélation du pays, qui ont tiré toutes les échelles, dans tous les domaines, pour que les générations suivantes restent à l'étage où l'on travaille et ne montent pas à celui où l'on profite ; pour que les générations suivantes, parfois sans même s'en rendre compte, exécutent toujours et ne décident jamais. Quelques héritiers, passe ; des successeurs, pas question !

La fin de la gauche, c'est peut-être tout simplement la fin de ces baby-boomers, dont François Mitterrand n'était pas, mais dont tous ses jeunes lieutenants et sabras faisaient partie, qui ont, en suivant cet homme de droite passé à gauche, fait passer la gauche à droite – si la droite, c'est le conservatisme – pour garantir la pérennité de leurs positions. La fin de la gauche, c'est d'avoir consacré l'immobilisme, enfant de l'illusion révolutionnaire, grand marché de dupes – c'est d'être devenue la droite. La fin de la gauche, c'est de défendre la France des taxis plutôt que d'organiser l'ubérisation. La fin de la gauche, c'est clamer : « Le changement, c'est maintenant ! » pour ne rien changer. La fin de la gauche, c'est un carré de la Garde qui s'appelle la promotion Voltaire, escouade d'énarques que François Hollande distribue à l'affiche de l'ultime comédie du pouvoir, et qui, à sa suite, préfèrent se rendre plutôt que mourir. La fin de la gauche, c'est le triomphe, demain peut-être, d'une révolution réactionnaire qui s'appelle la Manif pour tous et Sens commun, d'une vraie droite dure emmitouflée dans le velours fillonniste, ou revêtue plus tard de l'armure du lepénisme version Marion. La fin de la gauche, ce n'est pas la vengeance des générations qu'elle a abusées et exploitées, pour toujours sacrifiées, c'est l'avènement vindicatif des suivantes, porteuses d'un nouvel égoïsme identitaire et nationaliste. La fin de la gauche ne sera pas une revanche, ce sera un châtiment.

* * *

« Et puis il faut reconquérir les Libéraux (…) qui évidemment acceptent comme nous l'héritage démocratique dans le domaine politique, mais qui refusent nos méthodes et nos structures sur le plan de l'économie. » François Mitterrand ne manque pas d'audace, apôtre avant l'heure de l'ouverture devant les délégués socialistes d'Épinay, qui lisent encore Karl Marx de la main gauche. Hors quelques prébendes de-ci de-là, la gauche de Lionel Jospin et de François Hollande n'a rien fait pour garder dans son giron les libéraux. Passe encore de fermer la porte aux centristes, si longtemps acoquinés à la droite au pouvoir, comme le font Ségolène Royal et François Hollande avec François Bayrou en 2007 et 2012, mais c'est une erreur fatale de ne pas cultiver le libéralisme sociétal et économique au sein de la gauche. Le travaillisme britannique se régénère par un libéralisme nommé blairisme, l'Allemand Gerhard Schröder redresse son pays avec la flexibilité du travail négociée par Peter Hartz, qui fait reculer le chômage et l'assistanat, seule la gauche française demeure immobile. Récusant le libéralisme et les libéraux, elle s'affaiblit et affaiblit son pays. La fin de la gauche, c'est aussi le refus d'une mutation génétique, c'est la dégénérescence issue du rejet du libéralisme.

L'aventure Macron en est la parfaite illustration. François Hollande l'associe à sa présidence, dans le saint des saints élyséens, secrétaire général adjoint de la présidence, puis il l'installe au centre de l'exécutif, ministre de l'Économie, de l'Industrie et du Numérique. Il n'est pas tant le chantre du social-libéralisme que le promoteur d'un libéralisme social, c'est-à-dire d'une stratégie économique qui libère toutes les possibilités de créations de richesses et d'emplois, mais cherche à garantir un profit collectif, par-delà l'accumulation des profits individuels et entrepreneuriaux. Il y a de l'humanisme dans ce libéralisme-là, indéfectible, indissociable. Quand François Mitterrand évoque les libéraux à Épinay, quand il rend hommage aux personnalistes d'Emmanuel Mounier, c'est déjà Macron qui pointe, lui qui naîtra six ans plus tard. Or, cette jouvence de la gauche, Hollande la promeut mais ne la soutient pas ; il l'installe mais ne l'intronise pas. La fin de la gauche, c'est l'incapacité de Hollande à proclamer le début de la gauche, d'une autre gauche, adaptée au XXIe siècle et qui pourrait y faire ses premiers pas sur deux jambes, celle, sécuritaire et identitaire, forgée par Manuel Valls et celle, économique et sociétale, inventée par Emmanuel Macron. Hollande n'est pas Cronos, il ne va pas dévorer ses enfants, mais il est assez pervers pour les pousser à s'entre-dévorer, persuadé que la guerre Macron-Valls lui assurera la même domination sur son camp que la guerre Jospin-Fabius permit à Mitterrand de durer.

La fin de la gauche, c'est l'incapacité de Hollande à désigner Macron comme héritier, c'est le contraindre à la transgression en lui refusant la transmission.

Emmanuel Macron n'a pas été soutenu dans ses réformes, il a été utilisé. Lors de son examen à l'Assemblée, au début de l'année 2015, la loi dite Macron est d'abord escamotée au profit des postures régaliennes qu'exige la vague d'attentats. La légitimité revient par le haut, Hollande ne veut pas s'exposer aux conflits sociaux en endossant un tel texte. Puis la loi est prise en charge par Manuel Valls, assez habile et volontaire pour l'ériger en champ de bataille idéologique et attirer les frondeurs dans cette souricière où il arme le 49.3. La suite est pire : les Nouvelles opportunités économiques proposées par Emmanuel Macron, à la fin de 2015, dans une nouvelle loi, sont concassées, éparpillées et abandonnées dans d'autres textes, dont la Loi Travail portée par Myriam El Khomri, nouveau terrain d'affrontement entre Valls et ses ennemis, nouveau champ de tir du 49.3.

Si les libéraux, au sens tocquevillien que Mitterrand sous-entend en 1971, ne sont pas dans la gauche, ils existeront en dehors. Le centre en cendres a épuisé tous les phénix, la droite ne cesse de se durcir et adopte, avec François Fillon, un libéralisme anti-État virulent : l'envol de Macron est possible aussi à cause de ces vents mauvais. Peut-être la vieille gauche fera-t-elle chuter cet Icare apostat avant de mourir elle-même – alors, droite et lepénisme se partageront la France, l'un comme majorité, l'autre comme opposition. Peut-être la gauche finissante, abandonnée par la jeunesse, interrompra-t-elle son ultime cérémonie cannibale pour aider Macron à atteindre le second tour de la présidentielle – alors, tout y sera possible. Ce ne serait pas un ralliement – il aurait déjà eu lieu –, mais un réalisme. Peut-être la gauche mourra-t-elle plus vite que prévu, devenant un humus électoral pour le macronisme – alors, il sera la nouvelle gauche.

La rupture avec l'ordre établi, celui des baby-boomers accrochés au XXe siècle, celui des protégés et des assistés, celui de la gauche qui prolonge le système, c'est aujourd'hui Emmanuel Macron, né en 1977 et ambitieux en 2017. Il n'est pas seulement la preuve de la fin de la gauche, il est le début de la post-gauche, qui cherche la justice sociale par d'autres voies que le financement de la précarité par l'impôt et l'administration chaque jour renforcée de la création de richesses. Tout comme il intègre le social au libéral, le macronisme peut intégrer les socialistes aux libéraux. Exactement ce que voulait réaliser François Mitterrand, sauf que c'est l'inverse…

Si Macron échoue, vaincu par les conservatismes ou dévoré par son ivresse, écrasé par les derniers éléphants socialistes sur la route du cimetière, ou broyé par le système des partis toujours prompts à l'entraide, la gauche disparaîtra pour très longtemps. Le « foco » mélenchoniste allumera quelques brasiers dans des usines en grève, mais il relèvera du folklore. Le prolétariat agonisant râlera avec Le Pen jusqu'au bout et, si la crise économique et géopolitique s'aggrave, mâtinée de choc des civilisations et de protectionnisme, parviendra peut-être à porter au pouvoir ce populisme qui l'achèvera. Une gauche pourra-t-elle alors renaître ? Peut-être dans quelque élite intellectuelle, soucieuse de République plus que de démocratie, de justice plus que d'égalité, d'autorité plus que d'ordre. Peut-être dans une part de ce que l'on appellera encore la bourgeoisie, désolée de voir le populisme mener au nationalisme, et le nationalisme à la guerre – Mitterrand encore, mais en 1995.

* * *

La néo-gauche d'Emmanuel Macron ou la gauche ressuscitée d'après le désastre auront le même défi à relever : la réinvention de la démocratie. « Parce qu'il y a finalement une sorte de déviation de la démocratie parlementaire qui fait qu'au lieu d'avoir délégué au monarque d'autrefois, et à lui tout seul, le droit de penser et d'agir, la démocratie parlementaire, par ses intermédiaires, a fini par manque d'imagination par confisquer tout cela au citoyen, à l'individu, à celui qui veut être lui-même capable, par l'information et par la formation, par le dialogue et aussi par l'organisation des partis de gauche, capable de penser lui-même et de décider. » Telle était la feuille de route écrite à Épinay par le presque premier secrétaire du PS. Cette restauration de l'individu, loin des syndicats vermoulus d'aujourd'hui, qui ne défendent plus personne hors eux-mêmes, loin des partis dévitalisés d'aujourd'hui, qui ne représentent plus personne hors eux-mêmes, demeure la mission de la gauche. L'individu contre l'individualisme, la réussite personnelle par et pour l'altruisme : si une gauche est possible, adaptée aux aspirations du XXIe siècle, qui ne veut ni de l'égoïsme cupide ni du collectivisme aliénant, c'est celle-là et aucune autre.

CHAPITRE 1

François Hollande, le 25 octobre 2012
Le grand malentendu

« Vous reprendrez bien un peu de fromage ? » Avec François Hollande, les déjeuners à l'Élysée ont retrouvé l'aspect de vrais repas. Adieu les collations expédiées par Nicolas Sarkozy, sans plateau crémeux, bien sûr, où le vin est proposé comme un produit de contrebande par un maître d'hôtel qui cache la bouteille dans son revers de veste. Même le dessert est un instant de gêne, quand l'opéra ou le Paris-Brest des invités contraste avec les trois rondelles de kiwi égarées dans l'assiette du président. Nicolas Sarkozy n'aime pas manger, il préfère se dépenser.

François Hollande, lui, apprécie se mettre à table, et pas seulement pour glisser des aveux aux journalistes. En quelques mois de cantine à l'Élysée, il a repris les kilos perdus pour et pendant la campagne. Au candidat svelte et affûté a succédé le Hollande replet que les Français connaissent depuis toujours. François Hollande n'est pas gros, il n'a jamais été gros, il est jovial, et sa silhouette a, en ce trait, autant d'importance que son humeur.

Au calendrier, octobre n'est pas fini, mais c'est déjà l'hiver politique pour le président. Printemps hésitant, été raté, et à l'automne les feuilles d'impôts qui tombent sur la tête des Français. Un râteau à la plage pour des vacances pépères, coquillages et plus qu'assez, Hollande s'est abandonné. Un marteau à la main, pour cogner sur la tête des contribuables, Jean-Marc Ayrault s'est activé.

On ne peut pas être et avoir l'été. Hollande s'est fourvoyé à se reposer, il s'est désincarné, lentement décharné dans sa fonction alors qu'il reprenait du poids. Il voulait un contraste spectaculaire avec son prédécesseur agité, pour rassurer une France en vacances après l'année électorale, il n'a montré qu'un président feignant, qui bronze quand le monde brûle. « Le besoin d'apaisement, de calme, de distance, n'était pas une relégation du rôle majeur du président de la République [1] », confie-t-il à Antonin André et Karim Rissouli. Mais où a-t-il lu que les Français avaient envie de calme et de distance ? S'ils ne supportaient plus Nicolas Sarkozy, c'est parce que son excitation ne servait que lui-même, qu'il électrisait les débats à son profit et jetait de l'huile sur le feu de sa propre chaudière. En revanche, le peuple voulait de l'action rapide, pugnace, efficace, et des résultats. Non à la privatisation de l'action, oui à l'offensive désintéressée !

1. *Conversations privées avec le président*, par Antonin André et Karim Rissouli, Albin Michel, 2016, p. 278.

Le rien n'est pas la bonne réponse au trop. Pas grand-chose n'est pas le contraire de n'importe quoi.

En août 2007, Nicolas Sarkozy fait rédiger la loi sur l'autonomie des universités, celle sur les peines planchers et celle sur le bouclier fiscal. En août 2012, François Hollande, lui, cultive l'art du bermuda. En août 2008, Nicolas Sarkozy fonce à Moscou puis à Tbilissi, pour tenter d'enrayer la guerre russo-géorgienne – ou feindre d'incarner une présidence volontariste de l'Europe. En août 2012, François Hollande a du sable entre les orteils quand Bachar el-Assad a du sang sur les mains.

* * *

« Vous reprendrez bien un peu de fromage ? » Et comme le président, trois morceaux, pas plus pas moins, ainsi que l'on fait dans les bonnes maisons. Un chèvre timide qui se tient bien droit, un inconnu qui coule et dessine une parenthèse dans l'assiette, une tranche de pavé corrézien, ce cantal en plus huileux, parce qu'il faut flatter l'hôte. Soudain, je pense à Georges Pompidou, l'élu de Montboudif : et si Hollande était un Pompidou un peu plus gras ? Même simplicité bonhomme, même ombre tutélaire – De Gaulle pour l'un, Mitterrand pour l'autre –, même placidité provinciale. Quelque temps plus tard, le président confiera à deux journalistes avoir lu les lettres de

Pompidou retrouvées et publiées par son fils, où il se plaint de l'Élysée : « Je ne peux plus sortir, je suis enfermé [1]. » Pendant ce temps, Pompidou joue avec des miettes en face de moi. Alors que mon coin de nappe est recouvert de minuscules esquilles du pain de l'Élysée, le président montre qu'il sait rompre sans éclats. Quelques morceaux de croûte acajou, gros comme un ongle, polygones affûtés, rebondissent sous ses doigts. Il me semble voir de petites cartes de France qui s'agitent, qui sautent autour de l'assiette présidentielle comme des chiots autour de leur maître. François Hollande s'exprime peu avec les mains, quand son prédécesseur donnait l'impression de parler avec des sourds tant il usait de la langue des gestes. Les petites France sont d'abord placées en quinconce, puis en carré, enfin il tente de les empiler, mais la nappe a quelques dunes discrètes, et cet amoncellement s'effondre en silence. Il recommence, machinal, avec la même patience et le même résultat.

François Hollande est un homme qui ne sait pas superposer les France.

« La crise sera bientôt derrière nous. Il suffit d'observer l'histoire économique : toutes les crises connaissent des cycles de cinq ans. Celle-ci a débuté en 2008, elle s'achèvera en 2013 et le monde repartira dans une période de croissance. On le voit déjà avec les pays émergents. Il suffit

1. *Ibid*, p. 181.

d'attendre... mais pas seulement ! Il faut veiller à ce que le tissu social français ne se délite pas, que la société ne soit pas trop abîmée par la crise. C'est ce que n'a pas su faire Sarkozy, il a divisé le pays. Je le recouds en attendant la reprise. » Recoudre et repriser : son œil brillant signale qu'il a voulu le jeu de mots, à moins qu'il ne s'agisse que de l'éclair de la bonne nouvelle, un pétillement réjoui à l'annonce de la fin de la crise.

François Hollande est le président trop positif d'un pays trop négatif, le dirigeant trop optimiste d'une nation trop pessimiste.

Il commet ici deux erreurs : en tant qu'économiste et comme politique.

L'économiste considère que la crise mondiale engagée aux États-Unis par l'affaire des « *subprimes* », et aggravée en 2008 avec la faillite de la banque Lehman Brothers, est une crise comme les autres, issue d'une surchauffe financière. Comme un médecin de Molière, il considère qu'une telle fièvre pourpre doit être traitée à coups de lancette, par une bonne saignée et par une purge salutaire qui s'appelle la crise. Les humeurs remises en ordre, la croissance revient et la prospérité se reconstruit. François Hollande ne comprend pas qu'il ne s'agit pas d'une crise économique, mais d'une mutation de l'économie ; celle-ci n'est pas déréglée, elle change de règles. Gérer cette mutation à la manière française, c'est-à-dire amortir la chute par le matelas de la générosité publique et attendre la reprise, allongé sur l'édredon social, c'est se condamner à l'échec. Telle est la faute commise par François Hollande dès son arrivée à l'Élysée. Rapiécer les voiles et les hisser sans tarder, parce que la brise de la croissance mondiale va bientôt se remettre à souffler : cette stratégie est obsolète. Les vents du XXIe siècle ne se lèvent plus sous nos latitudes ; d'ailleurs, il n'y a plus d'eau dans notre mer. De ce bateau échoué définitivement le président devrait démonter au plus vite la coque pour bâtir autre chose, cette économie des temps nouveaux qui fait défaut à la France.

« Le changement, c'est maintenant ! », clamaient ses affiches, mais François Hollande est un conservateur, aux analyses et aux raisonnements estampillés Trente Glorieuses. La fin du salariat ? La numérisation totale ? L'« ubérisation » du monde ? Le règne des « fab lab » et de l'imprimante 3D ? Le développement du bitcoin ? Ces défis sont des énigmes pour le président, qui en parle rarement et ne les pense jamais. Tout au plus aime-t-il à flatter le néosocialisme qui affleure dans l'économie collaborative, la lutte contre l'obsolescence programmée, le retour à la mode du troc… Il ne regarde que le faux nez idéaliste du capitalisme inédit et vorace qui s'empare de la planète, il ne théorise jamais la compréhension et la régulation du monde nouveau. François Hollande répète ce qu'il a appris en une époque qui oublie tout et invente ce qu'elle est. Quand il s'en rend compte, à l'automne 2012, avec le rapport Gallois sur la compétitivité de l'industrie, il est déjà trop tard. Il attend encore un an pour proposer le pacte de responsabilité, quatorze mois pour changer de Premier ministre, puis se fracasse sur une majorité divisée et tenue en otage par la première gauche archaïque.

Pourquoi François Hollande a-t-il raté son quinquennat ? « *It's the economy, stupid !* »

L'erreur du politique est plus noueuse. François Hollande ne cesse d'invoquer la figure de François Mitterrand, mais il se réfère beaucoup, in petto, à la période Jospin. Quand la gauche emporte les législatives de juin 1997, les experts promettent le pire à la France, incapable de réduire ses déficits et destinée à un assommoir fiscal si elle veut se qualifier pour l'entrée dans l'euro, au début de 2002. C'est pour cette raison que Jacques Chirac a décidé la dissolution de l'Assemblée nationale, afin d'assurer une majorité à Alain Juppé avant la « grande rigueur » plutôt que d'affronter les urnes à la date prévue, en mars 1998, après le début du drastique plan de redressement. Mais quand Lionel Jospin improvise un gouvernement et une politique, les augures funestes crèvent comme des champignons secs et la croissance revient. L'année 1997 est moins mauvaise que prévu et 1998 prend des airs euphorisants. La « première nouvelle économie », dont la bulle crèvera en 2001 mais qui se gave d'Internet, en est la cause. La récession de

1993 est oubliée, le cycle de cinq ans tourne rond, *business as usual* et édredon français. Bien sûr, un matelas n'est pas un trampoline, et il faut savoir rester médiocre quand tout va bien pour ne pas être miséreux quand tout va mal. Mais cela convient à la gauche, qui n'aime pas les riches et préfère assister les pauvres.

François Hollande est alors premier secrétaire du PS, cheville ouvrière de la majorité avec Jean-Marc Ayrault, qui préside le groupe socialiste à l'Assemblée nationale ; ainsi voit-il Lionel Jospin réussir sans génie mais avec conscience, en n'inventant rien mais en ne gâchant pas plus, gestionnaire rigoureux des hasards de la providence. Donc, fidèle à son modèle, tandis que Hollande l'économiste pense que la croissance va revenir naturellement, François le politique s'imagine que présider, c'est gouverner. Mais le gouvernail ne fait qu'adapter le vaisseau aux vents et aux courants pour suivre la direction choisie, tandis que le président, celui qui, étymologiquement, « siège à l'avant », doit donner le cap.

François Hollande rêve de revivre cette époque, quinze ans plus tard, non plus dans l'obscurité laborieuse du parti, mais sous la lumière de l'institution suprême, cette clarté chaude qu'offre le reflet des projecteurs de télévision sur les ors de l'Élysée. Hollande veut suivre au mieux, alors qu'il s'agit de mener ; il croit qu'agir, c'est bien réagir. Il sait pourtant que l'initiative, en politique, compose les trois quarts de la victoire, pour avoir pratiqué l'audace moins souvent qu'à son tour mais toujours au bon moment. Pourquoi, une fois arrivé au sommet, confond-il dominer et attendre, arbitrer et subir, réfléchir et procrastiner ?

Pourquoi, élu président, ne comprend-il pas ce que présider veut dire ? « *It's the politics, stupid !* »

* * *

François Hollande ne pontifie jamais, il n'est en rien professoral quand il expose ses analyses. Il ne décrète pas, il constate, et donne ainsi la force de l'évidence à ses affirmations. Il semble lui-même s'en étonner, comme s'il n'y était pour rien, détenteur chanceux d'un billet gagnant. Cette théorie de la « bonne étoile » lui aura causé de grands torts dans sa carrière. Non, François Hollande n'a pas emporté par chance les victoires qui furent les siennes ; non, il n'a jamais cassé la baraque par baraka. S'il n'est jamais nommé ministre pendant les deux septennats de François Mitterrand, c'est parce que le premier président socialiste de la Ve République lui préfère sa compagne, Ségolène Royal – pas de chance. S'il n'est jamais nommé ministre par Lionel Jospin, c'est parce qu'il tient le Parti socialiste, trop utile ici pour être nécessaire là, et parce que le Premier ministre, qui punit rarement, ne récompense jamais – pas de chance. S'il n'est pas le candidat du PS à la présidentielle de 2007, c'est parce qu'il n'a pas compris la stratégie de Ségolène Royal, cet encerclement du parti par l'opinion, trop concentré qu'il était à empêcher le retour de Lionel Jospin et à organiser la destruction de Laurent Fabius par Dominique Strauss-Kahn et celle de Dominique Strauss-Kahn par Laurent Fabius – pas de chance. S'il n'est pas présidentiable à ce moment-là, c'est aussi parce que le « non » l'a emporté au référendum sur la Constitution européenne, le 29 mai 2005, contre ses consignes et à cause de son manque d'autorité, parce qu'il n'a pas su faire taire les éléphants qui ont bravé le choix des militants en faveur du « oui » – pas de chance.

Veinard, François Hollande ? Rescapé, plutôt, des désastres de la gauche et de ses propres erreurs. En 2002, le 21 avril doit l'emporter vers les oubliettes, mais il profite de la division de la jeune garde du Nouveau Parti socialiste pour emporter le congrès de Dijon, en 2003. En 2007, il sabote la campagne de Royal depuis la rue de Solferino, mais c'est elle qui porte la responsabilité de la défaite. En novembre 2008, il quitte, exsangue, la direction du principal parti d'une gauche que Bernard-Henri Lévy, d'un emprunt à Jean-Paul Sartre, appelle « Le grand cadavre à la renverse », mais la guerre entre Ségolène Royal et Martine Aubry est si terrible que le « droit d'inventaire » est annulé. Chaque fois que François Hollande connaît un échec, chaque fois qu'il peut être considéré comme responsable d'un désastre, de tonitruants événements surviennent et l'Histoire passe l'éponge : est-ce cela, avoir de la chance ? Échapper à ses juges, se défaire en douce du boulet du bilan, être le survivant de naufrages multiples : est-ce cela, avoir une bonne étoile ? Peut-être…

Le panurgisme journalistique et la mémoire collective attribuent à François Hollande le dossard du veinard à cause de l'événement majeur de la campagne présidentielle de 2012 : l'explosion en vol de Dominique Strauss-Kahn, interpellé le 14 mai 2011 à New York pour agression sexuelle présumée sur une femme de chambre. Chacun considère que, sans l'obsession sexuelle du favori des sondages, jamais Hollande n'aurait pu être chef de l'État. En somme, le sperme retrouvé sur le gilet de Nafissatou Diallo, c'est, si l'on ose dire, l'encre sympathique avec laquelle le Corrézien écrit la suite de son destin. Il n'en est rien. DSK candidat à la primaire de la gauche, c'est le retour en France du très libéral directeur général du FMI, l'homme qui maltraite la Grèce et sermonne le tiers-monde ; c'est l'irruption dans le débat sur la crise française de l'homme qui laisse couler l'eau brûlante pendant une heure dans la douche de sa chambre d'hôtel cinq étoiles pour que la vapeur défroisse ses costumes ; c'est le tour de France d'un individu qui roule en Porsche Cayenne quand il vient à Paris ; c'est la visite aux pauvres du mari d'Anne Sinclair, héritière d'un immense marchand d'art. DSK candidat, c'est le cauchemar de la gauche radicale, celle qui sait déjà qu'elle votera Mélenchon au premier tour, mais vit dans la hantise d'un second tour Sarkozy/Strauss-Kahn, droite sécuritaire contre gauche libérale. DSK candidat, c'est la certitude que ni Martine Aubry ni Manuel Valls ne seront candidats, que Ségolène Royal le sera et que François Hollande occupera donc la gauche de l'échiquier socialiste, flanqué du seul Arnaud Montebourg. Les socialistes de l'appareil voteront Hollande, premier secrétaire durant onze ans ; la gauche de la gauche votera Montebourg puis Hollande au second tour ; les « nonistes » du référendum de 2005 préféreront malgré tout Hollande le malléable à DSK l'Américain ; la droite ne viendra pas aider Strauss, socialiste moderne, réformiste et populaire, donné gagnant contre Sarkozy. Bref, l'équation est limpide : François Hollande aurait battu Dominique Strauss-Kahn à la primaire de la gauche. Éliminé par un scandale, le fameux locataire de Rikers Island a, au contraire, menacé le socialisme d'un fatal discrédit, et manqué faire porter à son candidat officiel le fardeau de ses frasques, lui faire payer le coût de ses coïts. La seule chance que l'on puisse attribuer à Hollande, c'est de n'avoir pas vu sa campagne polluée par les caleçonnades sordides de Strauss-Kahn.

Il n'y a pas de bonne étoile au-dessus du destin de Hollande François, juste le trou noir qui absorbe lentement la gauche. Chanceux, l'homme qui se fait traîner dans la boue par Valérie Trierweiler ? Verni, le président attaqué par Arnaud Montebourg, abandonné par Emmanuel Macron, poignardé par Manuel Valls ? Heureux, le chef de l'État qui doit gérer les attaques terroristes, la langueur économique, l'afflux de migrants, la montée du populisme ? Béni des dieux, le premier hôte de l'Élysée à ne pas être en mesure de solliciter un deuxième mandat ? Il le dit lui-même dans une confidence benoîte à deux journalistes, le 1er février 2014, au milieu d'analyses fumeuses sur l'économie et la création d'emplois, en évoquant sa promesse d'inverser la courbe du chômage avant la fin de 2013 : « Je n'ai pas eu de bol [1] ! » François Hollande n'a jamais eu de bol, il a progressé par prudence et par habileté, il a grimpé par ruse et par force, il a rassemblé pour surnager et divisé pour régner.

Une fée, une seule, s'est penchée sur le berceau de François Hollande, elle s'appelait Politique, et elle est la cousine de Morgane et de Carabosse.

* * *

Après le fromage, il y a le dessert : « J'espère que vous aimez la crème anglaise… » La bonhomie du président est inaltérable. Bientôt, un dixième de son quinquennat sera écoulé, les 10 % les plus importants, qui devaient donner l'impulsion majeure du mandat, et sans doute tout est déjà gâché. Mais l'automne s'avance au soleil et les pendules de l'Élysée ronronnent. Il est impossible de ne pas trouver Hollande sympathique quand on peut échanger avec lui ; il est très difficile de ne pas

1. *Ibid*, p. 190.

oublier la fonction quand on rencontre l'homme. Et je me surprends à souhaiter à ce président une réussite dont je sais qu'elle va le fuir. Je quitte l'Élysée repu et réjoui. J'entends crisser sous mes pas le gravier de la cour d'honneur – c'est le bruit de l'ambition et de la malédiction, c'est la meule impitoyable qui broie les destins et déchiquette les espoirs. Je me retourne : dans la porte vitrée du palais, en haut des marches, se reflètent le porche, sa grille patibulaire et un drapeau qui digère, lui aussi, affaissé sur son mât. À l'Élysée, l'entrée et la sortie sont sur la même image. À partir de ce jour d'octobre 2012 et jusqu'à la fin du quinquennat, je ne verrai plus jamais François Hollande en tête-à-tête. J'aurais peut-être dû reprendre du fromage…

CHAPITRE 2

François Hollande, le 1er décembre 2016 Impression soleil couchant

Il y a, dans l'œil éteint et les épaules un peu basses, de la tristesse, comme une teinte d'affliction. Le président se glisse devant son pupitre sans solennité, sans surgir de loin, entre les tentures ou dans l'embrasure colossale des portes, comme il le fait lors des conférences de presse. Soudain, il est là et il parle, sans même prendre une grande inspiration, avec simplement une petite inflexion du menton vers le bas juste avant le premier mot, comme s'il se disait à lui-même : « Allez, on y va. C'est juste un mauvais moment à passer. » Il est un peu plus de 20 heures, ce jeudi 1er décembre 2016, et le président de la République est face aux Français : « Mes chers compatriotes, je m'adresse à vous ce soir pour vous faire connaître la décision que j'ai prise, dans la perspective de la prochaine présidentielle... » Tout est morne dans ce début d'allocution. Impression dépression. Il va renoncer.

Depuis le début de la semaine, les « hollandais » sont à la manœuvre : avec l'interview de Manuel Valls dans *Le Journal du dimanche* du 27 novembre, le jour même où François Fillon a été consacré candidat de la droite à la présidentielle, ils savent que l'hallali a sonné. « Je me prépare », déclare le Premier ministre, afin de pousser le président à s'effacer. Alors, les fidèles de François Hollande se lancent dans une vaste opération « intox ». Partout, ils affirment que le chef de l'État va bientôt annoncer sa candidature, qu'il s'agit d'une question de jours, qu'il ne manque que quelques réglages, quelques virgules. Au déjeuner du lundi 28 novembre, le président est censé moucher son Premier ministre et doucher ses ambitions [1]. Mais Manuel Valls sort tout sourire de ce repas et monte dans l'avion... du président pour gagner la Tunisie en voyage officiel. En vérité, nul ne sait, avant les dernières heures, les dernières minutes, ce qu'il y a dans la tête de François Hollande. Accueillant à déjeuner une rédaction de gauche, le jeudi 24 novembre, il trace les grandes lignes de sa future campagne. Sans doute le président est-il schizophrène : l'animal politique en lui est persuadé qu'il faut y aller, qu'il y a ou qu'il y aura un « espace » ; l'homme sait au fond de sa conscience que le divorce est consommé avec les Français, qu'il ne peut y avoir au bout de cette aventure désespérée qu'une humiliation, qui détruira toute une carrière et abîmera la fonction. S'il se représente, ce n'est pas une douche froide qui l'attend, c'est une chasse d'eau. François Hollande est trop lucide pour ne pas le savoir.

---

1. Lire Interlude 2, « Ce que Manuel Valls et François Hollande se sont dits lors du déjeuner du 28 novembre 2016 », page 109.

Ses enfants et leur mère ont joué un rôle important dans la décision de François Hollande. Ils lui ont signifié leur peu d'enthousiasme à l'idée d'une candidature suicide, qui rendrait à la vie civile un individu déconsidéré. « Papa, n'y va pas » est le mot d'ordre collectif. De retour de la COP 22 de Marrakech, le vendredi 18 novembre, Ségolène Royal nourrit des projets de livre et s'intéresse à une primaire dont elle ne veut pas être une concurrente – « J'ai assez donné, non ? » – mais qu'elle entend bien influencer. Puis elle bascule dans un silence radio total, comme si elle savait, dans le week-end suivant, que le quinquennat allait prendre une tournure imprévue.

« Depuis mai 2012, c'est-à-dire la date à partir de laquelle je suis devenu président de la République, j'ai agi avec les gouvernements de Jean-Marc Ayrault et de Manuel Valls pour redresser la France et la rendre plus juste. » Comme un chapelet égrené pour demander l'absolution, François Hollande détaille son bilan, globalement positif, point par point positif, positif, tellement positif : comptes de la Sécurité sociale, retraite à 60 ans, dette, mariage pour tous, COP 21, école, réforme territoriale, cumul des mandats, transparence du patrimoine des élus… Comme des lingots dans une balance, les arguments s'empilent du même côté ; il faut poursuivre, il faut accentuer. Tout est mobilisé dans cette ouverture de discours. Impression expression. Il va se présenter.

« Mais… »

Il y a dans ce « mais » une faute stratégique : la promesse de l'inversion de la courbe du chômage avant la fin de l'année 2013. « Mais l'engagement majeur que j'avais pris devant vous, c'était de faire baisser le chômage. » Le président a prêté serment devant les Français dès septembre 2012, avant de le graver dans toute sa solennité lors des vœux du 31 décembre suivant. À partir de ce moment-là, le quinquennat ne se joue plus entre la majorité et l'opposition, entre la gauche et la droite, entre Hollande et le fantôme de Sarkozy ; soudain, la seule bataille qui compte est celle du président contre le chômage, donc du président contre lui-même, contre sa promesse, contre sa parole. « L'inversion de la courbe », c'est le résumé de l'anaphore « Moi, président » déclinée lors du débat télévisé de l'entre-deux-tours. Hollande se bat contre Hollande, Hollande qui agit se bat contre Hollande qui a dit. Quand il se confie à Karim Rissouli et Antonin André, au début de 2014, le président se félicite d'avoir fixé un tel objectif, parce qu'il a permis une mobilisation exceptionnelle des moyens de l'État contre le chômage : « Je revendique cette méthode. Même si elle est coûteuse politiquement, elle est socialement et peut-être même économiquement bénéfique [1]. » Avec « l'inversion de la courbe », François Hollande a inventé la présidence kamikaze.

Sans doute y a-t-il autre chose dans ce « mais ». Le président rejeté pour de multiples raisons. Son

1. *Conversations privées avec le président*, *op. cit.*, p. 190.

incarnation laborieuse de la fonction, les humiliations de sa vie privée, son autorité chancelante. Ce « mais » lui permet de faire tenir tous ses échecs dans un seul, à la fois le plus noble et le plus pardonnable, tant le chômage a écrasé les dirigeants politiques depuis cinquante ans. Ce « mais » emballe le fiasco dans le drapeau du courage : Hollande défait par le chômage, c'est Vercingétorix battu par Jules César. Ce « mais » escamote le scooter, *Merci pour ce moment*, la pluie de l'île de Sein, le coiffeur grassement payé, *Un président ne devrait pas dire ça*, la politique européenne évanescente, les grèves de juin 2016, l'affaire Cahuzac, l'affaire Thévenoud, l'affaire Leonarda, les bonnets rouges, le choc fiscal… Ce « mais » est une sortie par le haut, ce « mais » c'est l'honneur sauf, c'est une défaite politique, pas un désastre personnel. Impression digression. Il va renoncer.

« Les résultats arrivent plus tard que je ne les avais annoncés, j'en conviens, mais ils sont là : l'investissement, la consommation, la construction repartent et, depuis le début de l'année, le chômage enfin diminue… » François Hollande ruse, François Hollande slalome, François Hollande tente de nous faire croire que l'inversion de la courbe est là, qu'entre 2013 et 2016 il n'y a qu'une broutille, un interstice de temps, l'impact des attentats, la langueur économique mondiale. Le président veut cocher la bonne case en la déplaçant. Impression prestidigitation. Il va se présenter.

« … le chômage enfin diminue, mais il reste à un niveau trop élevé et je mesure ce que cette situation peut avoir d'insupportable pour nos concitoyens qui vivent dans la précarité ». Impression conclusion. Il va renoncer.

Puis François Hollande évoque le terrorisme et toutes les mesures qu'il a prises pour protéger les Français sans porter atteinte aux libertés fondamentales ni à la cohésion nationale. Chef des armées, père de la nation éprouvée, en charge de l'émotion et de la dignité douloureuse lors des épreuves collectives : c'est là son meilleur registre, qui ne lui vaut depuis 2012 que des éloges ou presque. L'intervention au Mali en janvier 2013, la grande manifestation du 11 janvier 2015, sa présence rapide sur les lieux des attentats du 13 novembre 2015… Impression action. Il va se présenter.

« Je n'ai qu'un seul regret, et je veux ici l'exprimer : c'est d'avoir proposé la déchéance de nationalité parce que je pensais qu'elle pouvait nous unir alors qu'elle nous a divisés. » Le vrai remords est là. Il ne s'agit plus de dissimuler la masse des échecs sous le tapis du chômage irréversible, il est question de la profonde erreur, de la faute morale, celle qui a coupé le président de son électorat du premier tour, de ce peuple de gauche prêt à discuter de tout en matière économique mais refusant de céder sur les principes. La déchéance de nationalité, mesure à l'efficacité nulle et à la symbolique droitière, revient à fabriquer des apatrides si elle frappe des citoyens uniquement français, à se défausser de ses brebis galeuses sur d'autres pays si elle concerne des binationaux. Mais ces États retireront aussi leur nationalité aux djihadistes concernés, et en feront des errants dangereux, récusés partout mais jugés nulle part, appelés à former une internationale du terrorisme. La France ne peut demander au reste de l'humanité de gérer ses enfants perdus : elle les arrête, les punit, les met sur le droit chemin ou hors d'état de nuire. C'est la grandeur d'une nation d'éradiquer ses ressortissants dangereux pour le monde. Hollande, après le fiasco juridique du congrès avorté, saboté par une gauche frondeuse et une droite maligne, après le camouflet politique de la démission de Christiane Taubira, doit reculer. Le 30 mars 2016, le président annonce qu'il abandonne la déchéance de nationalité : huit mois plus tard, il confesse ce regret – le seul de son quinquennat. Impression contrition. Il va renoncer.

« J'ai également régulé la finance, oui, la finance, et le système bancaire, parce que ce que j'avais trouvé en 2012 était source de tous les risques. » Soudain se redresse devant la caméra le candidat du Bourget, celui qui décrète le 22 janvier 2012, dans son grand discours de lancement de campagne, que son ennemi, « c'est la finance ». Si Hollande veut tenter l'impossible, il doit gagner la primaire dont il a concédé l'organisation, et donc se marquer très à gauche, afin de retrouver le centre de gravité de son camp. Comme François Mitterrand le fit en 1988, il lui faut être soudain à la gauche de la gauche, sonner le rassemblement contre les factieux de droite, contre les « 200 familles », contre le mur de l'argent. Impression subversion. Il va se présenter.

Fausse alerte. « Voilà ce que j'assume devant vous en revendiquant les avancées, en reconnaissant les retards et même en admettant certaines erreurs, parce que je porte un bilan et j'en assume toute la responsabilité. » Il veut sortir la tête haute, mais il veut sortir. Des retards, des ratés, des responsabilités. François Hollande dépose le bilan plus encore qu'il ne le porte, et s'il ne veut pas être « l'homme du passif », il est déjà, à subsumer les accomplissements et les carences de son quinquennat, « l'homme du passé ». Impression résignation. Il va renoncer.

Une présidentielle n'est pas un examen, c'est un concours ; il ne s'agit pas d'être bon, il suffit d'être meilleur que l'adversaire. L'autre, celui qu'on affronte, c'est la moitié d'une campagne, d'une détermination, d'une légitimité. Longtemps, Hollande croit que Nicolas Sarkozy emportera la primaire de la droite – et il le souhaite. Avec Alain Juppé, la victoire devient illusoire ; avec Nicolas Sarkozy, elle reste accessible. Avec l'inattendu François Fillon, elle se grise et s'embue. Fillon est aussi à droite que Sarkozy, aussi rond que Juppé. Il n'est pas le diable qui peut regrouper la gauche derrière son président, il n'est pas le rassembleur qui attire les centristes et tue la campagne d'emblée. Sarkozy et Juppé présentaient une certitude, Fillon offre une possibilité. « Je respecte la personne, le parcours de François Fillon, mais j'estime que le projet qu'il porte met en cause notre modèle social et nos services publics sans aucun bénéfice, au contraire, pour notre économie, et avec un risque d'aggravation des inégalités. » Soudain, un nouveau péril, inattendu, celui du libéralisme tout crin. Hollande lui ajoute le protectionnisme proposé par l'extrême droite : « C'est l'enfermement, et ce serait d'abord un désastre pour les travailleurs français ». Soudain, les silhouettes de l'ennemi prennent forme dans le désert des Tartares et le lieutenant Drogo peut dégainer son sabre. Impression mobilisation. Il va se présenter.

Pour rassembler la gauche, il faut qu'il y en ait une. Or il y en a plusieurs, divisées, fâchées, « irréconciliables », a dit Manuel Valls. Celle de Jean-Luc Mélenchon ne reviendra jamais dans le giron, pas même au second tour, comme en 2012 ; peut-être fera-t-elle défaut aussi en cas d'affrontement final entre François Hollande et Marine Le Pen. Celle des frondeurs se déchaînera durant la primaire, où elle a de bonnes chances, si elle s'unit derrière un seul candidat, de battre le président sortant ; et si elle n'y parvient pas, elle l'abîmera assez pour qu'il soit écrasé au premier tour de la présidentielle. Ce n'est pas la droite et l'extrême droite qui peuvent broyer Hollande dans leur étau, c'est la gauche qui veut le déchiqueter sans pitié.

Hollande le sait, qui voit partir en lambeaux depuis des mois sa majorité du 6 mai 2012. « Aujourd'hui, je suis conscient des risques que ferait courir une démarche, la mienne, qui ne rassemblerait pas largement autour d'elle. » Impression reddition. Il va renoncer.

Alors, le septième président de la Ve République prononce cette phrase qui fait de lui le premier chef de l'État dans l'incapacité politique de solliciter un deuxième mandat. Charles de Gaulle, François Mitterrand et Jacques Chirac se sont représentés avec succès, Valéry Giscard d'Estaing et Nicolas Sarkozy ont été congédiés alors qu'ils demandaient à être reconduits, Georges Pompidou est mort en poste. Seul François Hollande doit ainsi jeter l'éponge : « Aussi, j'ai décidé de ne pas être candidat à l'élection présidentielle, au renouvellement, donc, de mon mandat. » Tout le reste n'est que brouhaha, et dans aucun foyer l'on n'entend l'appel au « sursaut collectif » des « progressistes » lancé par le président désormais finissant. *Ite missa est.*

* * *

Pour l'éditorialiste qui, depuis des mois, appelle le président à ne pas se représenter, il y a un instant de satisfaction, gonflé par les incertitudes et les rumeurs des derniers jours. De cette confusion fangeuse sort une vérité, irrévocable, définitive, qui donne raison à l'opiniâtreté plumitive. Mais soudain, je pense à Benjamin Biolay, à son indéfectible amitié pour Hollande, dont il a accompagné la campagne victorieuse en 2012, comme beaucoup d'artistes et d'intellectuels, mais aussi le quinquennat calamiteux, sans jamais mégoter sa présence affectueuse. Tant d'autres se sont éloignés tandis que pâlissait le soleil de la popularité, habillant leur infidélité de raisons politiques plus ou moins fondées, plus ou moins fumeuses. Le chanteur reste là, présent dans les dîners d'artistes ou les duos impromptus lors des retours nocturnes de voyages officiels. Variations de vie privée, aléas de vie politique : sur les creux et les bosses du mandat, près des petits bonheurs et loin des grands honneurs, il est toujours présent pour son ami. Quelques jours avant le renoncement, Benjamin Biolay est au premier rang des signataires pour lancer un appel contre le « Hollande bashing ». Trop tard, la meute sonne déjà l'hallali.

Un jour, le président oublie son manteau chez le chanteur. Il reste pendu quelque temps dans l'entrée, humble et recroquevillé pour faire de la place aux autres, sans symptôme aucun de la majesté du pouvoir. De bonne facture, sans ornement ni renflement, la pelure, au final, d'un homme normal qui n'a pas cessé de l'être et aspire sans doute à le redevenir. Ce soir, le roi est nu et le président sans manteau, sans cape, sans prestige. Il hésite une demi-seconde, puis se coule hors de l'écran, presque timide.

« Voyez-vous, lorsqu'on a trop réussi sa vie,
On sent, n'ayant rien fait, mon Dieu, de vraiment mal !,
Mille petits dégoûts de soi, dont le total
Ne fait pas un remords, mais une gêne obscure ;
Et les manteaux de duc traînent dans leur fourrure,
Pendant que des grandeurs on monte les degrés,
Un bruit d'illusions sèches et de regrets… »

Seul François Hollande sait s'il a, au fond de lui, « mille petits dégoûts de soi », « une gêne obscure », comme le comte de Guiche à la fin de *Cyrano*, mais il n'a en tout cas point de manteau de duc, aucune pelisse de président pour couvrir cette silhouette soudain si frêle. On peut entasser bien des reproches dans la charrette qui mène François Hollande au bûcher des vanités, à l'échafaud médiatique – et je l'ai fait plus qu'à mon tour –, mais il est deux évidences, deux vérités dont nous devons lui faire crédit : il est éminemment sympathique, et quiconque passe dix minutes en sa compagnie ne peut le nier ; il est honnête, et aucune affaire n'est jamais venue mettre en question sa probité personnelle.

Un immense vacarme de commentaires saisit le pays ce 1er décembre au soir, et l'écho ne s'apaisera qu'au lendemain. Dans ce tapage qui sonne creux, nul ne note un étrange paragraphe de la déclaration du président, quelques phrases qui maltraitent la concordance des temps et embrouillent un peu plus, à moins qu'elles ne l'éclairent, le « mystère

Hollande » : « Face aux épreuves, j'ai pu avoir une capacité inépuisable de résistance devant l'adversité. Mais le pouvoir, l'exercice du pouvoir, les lieux du pouvoir et les rites du pouvoir ne m'ont jamais fait perdre ma lucidité, ni sur moi-même, ni sur la situation, car je dois agir. » Que signifie ce « j'ai pu avoir » ? Est-ce un ultime plaidoyer pro domo, pour signaler qu'il n'a pas tout raté, ou bien un hommage rendu aux forces de l'État, qui l'ont aidé à surmonter les épreuves ? Il est possible aussi de voir là une comparaison entre la dureté de la vie politique, qui l'amène à rendre les armes, et la violence de l'exercice du pouvoir, devant laquelle il n'a jamais craqué. En clair, il a tenu son rang comme président et c'est en tant qu'homme politique qu'il ne peut se représenter. L'élu n'a rien à se reprocher, les circonstances le disqualifient.

Quant à sa « lucidité », intacte malgré le « pouvoir », répété quatre fois, dénoncé comme une hydre aux têtes multiples, est-elle aussi entière qu'il le prétend ? Tout au long de son mandat, François Hollande a lu, écouté, rencontré. Il sait parfaitement ce qu'il en est du jugement des Français et de l'état des forces politiques. Lucide ? Incontestablement. Pourquoi, alors, n'a-t-il pas changé de cap plus tôt ? Pourquoi n'a-t-il pas changé tout court ? Soit le président a péché par entêtement, orgueilleusement persuadé que l'éclat de son bilan ridiculiserait à terme les mécontents et les impatients. Soit il a fait un mauvais usage de sa

« capacité inépuisable de résistance devant l'adversité », en laissant glisser les critiques sur ce qu'il pensait être une armure et n'était qu'un pelage. Lucide, mais indifférent, en bon disciple de François Mitterrand, qui ne sait pas comme lui tirer les ficelles mais qui réussit autant que lui à encaisser les coups.

Le 14 novembre 2016, dans les salons de l'Élysée, le chef de l'État remet, amusé et amusant, deux prix récompensant les meilleurs clichés réalisés par les photographes accrédités à la présidence de la République. Sujet et objet, il s'interroge : « Je pose cette question qui est toujours la même : mais qui est donc François Hollande ? » Vingt jours plus tard, dans ces quelques lignes qui précèdent immédiatement l'annonce de son renoncement, se tient peut-être la réponse. Lucide et indifférent, conscient d'une réalité qui ne l'atteint pourtant pas, immobile dans la tourmente, comme un phare éteint, un capitaine fantôme, François Hollande est insensible à force d'être étranger à lui-même.

Pendant cinq ans, François Hollande a regardé François Hollande subir et agir, il s'est vu sous la pluie et les crachats, sous les avanies et les avalanches, sous les quolibets et les croassements. Pis : François Hollande a laissé venir à lui les ennuis, il a accepté que tombent sur lui toutes les tuiles possibles, il s'est offert en sacrifice aux affronts. Il savait, le vendredi 10 janvier 2014, que

Closer allait publier des photos éloquentes sur ses escapades amoureuses. Il le savait probablement depuis le mardi 7 au soir, par des indiscrétions qui lui parviennent de RTL, il le savait au moins depuis le mercredi 8 en fin de matinée, puisque *L'Express* lui propose alors de réagir avant ou juste après la publication du magazine. Il savait que Gérard Davet et Fabrice Lhomme allaient publier *Un président ne devrait pas dire ça*, puisque, ils le racontent en préface, ils l'avaient prévenu dès le mois de mai ; il savait qu'il ne pourrait pas relire les citations, puisqu'il l'avait demandé en vain. Le mardi 11 octobre 2016, deux jours avant la publication de l'ouvrage, l'imminence du pavé est à peine évoquée dans le dîner hebdomadaire que le chef de l'État consacre, avec les hiérarques du socialisme, à sa stratégie – on préfère se féliciter de l'interview présidentielle qui va, le même jour, faire la une de *L'Obs*. Le lendemain, le mercredi 12 octobre, le président appelle les auteurs, inquiet des premières citations qui fuitent, mais il n'installe aucun contre-feu politique ni médiatique, il n'envoie personne sur les antennes pour amortir le choc.

Lors de multiples événements de son quinquennat, le même scénario se reproduit, d'un président qui n'agit pas à l'approche d'une mésaventure ou d'un problème. L'affrontement Montebourg-Ayrault à propos de Florange ? Prévisible. Les clashes entre le ministre de l'Intérieur Manuel Valls et sa collègue de la Justice Christiane

Taubira ? Logiques. Le choc du 49.3 lors de la loi Macron ou de la loi El Khomri ? Évident. Les foucades écologistes, les attaques de l'extrême gauche, même les initiatives unilatérales d'Angela Merkel : tout cela était visible à l'horizon de l'actualité et s'approchait, dans le tohu-bohu des commentaires et des indiscrétions, vers un président immobile.

François Hollande n'est pas un apathique, il n'est pas un poltron, même s'il cherche trop à deviner les conséquences de ses actes avant de les accomplir. « Je hais ces cœurs pusillanimes qui, pour trop prévoir les suites des choses, n'osent rien entreprendre », s'énerve Molière dans *Les Fourberies de Scapin*, et plus d'une fois au cours de son mandat Hollande s'est retrouvé enfermé dans un sac et copieusement battu. Il y a autre chose dans le flegme sacrificiel du président, il y a la volonté, le souhait profond de subir la tempête, de la recevoir en pleine face, d'être droit dans la tourmente, poitrine offerte aux embruns, quand ce n'est pas aux balles ennemies. « Levez-vous vite, orages désirés ! » clame-t-il après Chateaubriand et, comme lui, il finira enterré debout face à la mer, enseveli par les éléments, étouffé par les affronts même qu'il aura souhaités. À la recherche de l'indifférence mitterrandienne, François Hollande se fait disciple des stoïciens, adepte de leur ἀνέχου καὶ ἀπέχου, « Supporte et abstiens-toi ». Il y a, chez François Hollande, une philosophie de l'adversité qu'il n'a pas su transformer en esthétique de la douleur et qui l'a détruit au lieu de le grandir. De fléau en calamité, de mésaventure personnelle en vicissitude politique, il a cherché la tragédie, il n'a trouvé que le fait divers. Quand la tragédie, la vraie, a surgi devant lui, avec le visage de la guerre et les griffes du terrorisme, il a su être à la hauteur des événements. L'imprévisible est l'ordalie de l'homme d'État ; le prévisible est son labyrinthe. Inflexible face au premier, mais immobile dans le second, François Hollande s'est mépris sur la nature de la présidence de la République.

« Pourquoi y a-t-il, au fond de nous, quelque chose qui aime le malheur ? » interroge Musset. Sur l'échec de François Hollande au sommet du pouvoir, sur François Hollande lui-même, une part de la vérité est là.

INTERLUDE 1

Ce que François Hollande et Valérie Trierweiler se diront le 7 mai 2017

Dimanche 7 mai 2017, 18 heures, Palais de l'Élysée.

Valérie Trierweiler : C'est étrange de revenir ici. Surtout un jour comme aujourd'hui. Pourquoi ?

François Hollande : Je ne pouvais pas passer ce jour avec quelqu'un d'autre, non ?

VT : Cinq ans… Ça a passé vite, non ?

FH : Comme un éclair. Tant d'événements, pourtant…

VT : Ton meilleur souvenir ?

FH : Je ne sais pas… Peut-être le premier jour, quand même. La cérémonie, le discours de Debré, la tête de Sarko. Et ton pari perdu…

VT : Mon pari ?

FH : Tu avais parié que je n'oserais pas faire demi-tour sur le perron avant qu'il monte en voiture. Quand je pense à tous les commentaires que ça a donné dans les journaux… S'ils savaient que j'ai juste fait ça pour… Pour quoi, déjà ? Qu'est-ce qu'on avait parié ?

VT : Que je te ferais des joues de bœuf à dîner…

FH : Promesse non tenue…

VT : T'es pas le mieux placé pour reprocher aux autres de ne pas tenir leurs promesses.

FH : Tu dis ça pour mon programme ?

VT : Pour le programme… et pour le reste.

(Un temps.)

FH : J'ai quand même fait des choses, non ?

VT : Oui, deux ou trois… Le mariage homo, la guerre au Mali, la manif géante du 11 janvier…

FH : Et la COP 21 !

VT : Non, ça, c'est pour Ségolène. Si tu crois qu'elle va te la laisser, cette hyène !

FH : Ne recommence pas avec Ségolène…

VT : Mais non, t'inquiète. À quelle heure on aura le résultat ?

FH : Le Roux m'appelle dans vingt minutes. Il n'y a quand même pas beaucoup de suspense…

VT : Avec les Français, on ne sait jamais. Ils t'ont bien élu, toi…

FH : Valérie…

VT : Je blague… Ça va te manquer, tout ça ?

FH : Non… Je crois pas… Il est sinistre, quand même, ce palais. Je me suis beaucoup ennuyé, ici, finalement. Là, je vais pouvoir voyager pour mon plaisir, pas pour signer des trucs. Les Chinois m'ont invité, déjà. Et puis en juillet je passerai une tête au congrès du PS, juste pour voir la leur, à tous ces nazes.

VT : C'était vraiment toi le meilleur. *(Un temps.)* Dommage d'avoir tout gâché, non ?

FH : Gâché quoi ? Je l'ai voulu, je l'ai eu, j'ai fait mes cinq ans… Fabius, lui, il aura jamais ça. Ni Jospin, ni Strauss, ni Rocard, ni Martine…

VT : Ni Ségolène…

FH : Elle, au moins, elle a été candidate. 17 millions de voix, ça fait des souvenirs… *(Un temps.)* Tu sais combien on m'offre pour mes Mémoires ? Dis un chiffre !

VT : Tu crois que tu vas en vendre beaucoup ?

FH : J'ai déjà le titre : *Moi, ancien président…* Et puis il y a les conférences… Sarkozy prend 200 000. En Russie, on m'a dit que je pouvais toucher le double…

VT : Tu sais bien que tu n'aimes pas l'argent…

FH : C'est vrai… *(Un temps.)* Ce que je voudrais, c'est ne pas m'ennuyer.

VT : Lance-toi dans le cinéma…

FH : Tu dis ça pourquoi ?

VT : Comme ça, n'y vois aucune allusion… Jouer la comédie, c'est quand même ce que tu sais faire de mieux…

FH : Je commence à me demander si j'ai eu une bonne idée de t'inviter…

VT : Au moins, avec moi, tu ne t'ennuies pas, comme tu dis. Attendre les résultats avec Jouyet… Youpi… *(Un temps.)* Et le pire ?

FH : Le pire quoi ?

VT : Ton pire souvenir…

FH : Tu devines pas ?

VT : Le 13 novembre ? La déchéance ? Quand Macron t'a planté ? Le jour où tu as renoncé à te représenter ?

FH : Pas du tout. Le 3 septembre 2014…

VT : Ah oui, d'accord…

FH : *Merci pour ce moment.* Pas mal non plus, ton titre.

VT : Vraiment, c'est ça ton pire moment en cinq ans ?

FH : La politique, les coups durs, les trahisons, j'ai géré. Je sais gérer. Ça, je savais pas.

VT : Eh ben t'as appris…

(Un temps.)

FH : Valérie, tu m'as pourri mon quinquennat.

VT : François, tu m'as pourri ma vie.

(Un temps.)

FH : Pourquoi tu as fait ça ? Pour te venger ? Tu flingues le redressement de la France pour une peine de cœur ?

VT : Te fous pas de moi. La France, elle était déjà en pleine capilotade. C'est pas moi qui ai gâché ton mandat, tu l'as très bien planté tout seul.

FH : Enfin, tu as fait de moi la risée du pays ; du monde, même.

VT : Et avec tes petites virées en scooter, t'étais pas déjà la risée du monde ? Tu m'as tapée, je t'ai tapé. Je suis pas Yvonne de Gaulle, qui sert la soupe à monsieur sur la photo.

FH : C'était pas Yvonne de Gaulle, c'était Mme Coty…

VT : Quoi ?

FH : Sur la photo de la soupe, c'est Mme Coty…

VT : Tu vois, on sait même pas son prénom. Moi, au moins, on l'oubliera pas. Ça aidera peut-être les suivantes à se faire respecter.

FH : Bon, on va pas passer la soirée là-dessus. Reprends une coupe, il va être tiède.

VT : Je te sers ?

FH : Je veux bien, merci. *(Un temps.)* Tiens, j'ai une surprise pour toi.

VT : Dans ton portable ?

FH : Oui, sur Deezer… Là, écoute…

VT : *La vie en rose…*

FH : Ça non plus, tu m'avais pas prévenu. On devait être un peu ridicules tous les deux sur l'estrade, devant tous ces Tullistes…

VT : T'es pas le danseur du siècle, mais ça passait. Et puis, ça faisait populaire.

FH : Un truc pour les « sans-dents », quoi…

VT : Tu vois bien que tu le dis !

FH : Ah ben, maintenant, je vais plus me gêner… On danse ?

VT : Une dernière valse à l'Élysée ? D'accord…

(Un temps ; ils dansent.)

FH : Et à la Bastille, « Embrasse-moi sur la bouche », qu'est-ce qui t'a pris ?

VT : La première dame, c'était moi. Voilà.

FH : À ce point ? J'aurais dû te virer tout de suite.

VT : Sans moi, tu n'aurais jamais été président, tu le sais bien.

FH : C'est vrai… Et puis je ne pouvais pas commencer mon mandat en faisant une chômeuse de plus…

(La musique stoppe brutalement.)

VT : Pourquoi ça s'arrête ?

FH : C'est le vibreur, c'est Le Roux qui m'appelle… Allô, Bruno ? Oui… Alors ? Ah bon ?

Net ? Ça bougera plus ? Va falloir que je réagisse, quand même… Non, un communiqué, pas plus. Merci Bruno… À tout à l'heure ici, comme prévu, hein ?… *(Un temps.)* Valérie ? Tu veux pas savoir ?

VT : À quoi bon, en fait ?

FH : T'as peut-être raison… Qu'est-ce que ça change, un président ou un autre ? Qu'est-ce que tu regardes par la fenêtre ?

VT : La pluie… Il aura vraiment fait un temps de merde pendant ton quinquennat.

CHAPITRE 3

L'acier mal trempé de Florange
La fin de la gauche industrielle, ou pourquoi Marx bouge encore

Deux grandes carcasses couleur rouille, aux tubulures mêlées, surmontent l'embrouillamini métallique qui s'appelle usine sidérurgique. Derrière, les tristes maisons d'une triste vallée d'une triste région. Florange en Lorraine, Florange en Moselle, Florange-sur-acier. Nul n'ose le dire, par compassion pour les êtres humains piégés ici ou par égalitarisme forcené, qui se doit de trouver autant de charme, dans une République une et indivisible, à la Côte d'Azur et à la Thiérache, aux Landes et aux Vosges. La considération et la solidarité devraient pourtant commander une autre attitude : le souhait d'arracher au plus vite ces terres de l'Est à un passé d'industries lourdes qui, comme leur nom l'indique, sont un fardeau pour les populations. Si l'acier doit se produire ainsi, il doit se produire ailleurs que dans une contrée qui a déjà payé cent cinquante ans de tribut au productivisme ; si l'acier doit se produire ici, il doit se produire autrement, et épargner l'homme et l'environnement. La gauche n'a pas compris cela, et Florange est l'un de ses tombeaux symboliques.

Une des fautes de la gauche est d'entretenir toujours la fierté industrielle des sites les plus âpres. Hier les mineurs, aujourd'hui les sidérurgistes de la filière chaude : exercer des métiers usants, qui rapetissent l'espérance de vie, alors que depuis longtemps la machine aurait dû débarrasser l'homme de ces tâches abrutissantes, n'est pas une grandeur, c'est une damnation. La gauche, si elle veut servir le progrès, doit pousser l'être humain hors des galeries encharbonnées ou des forges brûlantes. Pourquoi, toujours, ce romantisme politique qui, sous prétexte de glorifier les luttes sociales contre l'exploitation, entretient le mythe de la noblesse industrielle ? Souffrir ensemble, pleurer des morts précoces et des accidents tragiques ne fonde pas une chevalerie ni une aristocratie, mais simplement la confrérie des prolétaires, qui vendent leur force de travail et s'épuisent à survivre. Aider ce peuple, c'est favoriser par tous les moyens le progrès technique et scientifique, qui place des robots où il est dangereux d'œuvrer, qui confie à l'ordinateur ce qui est périlleux à accomplir. La gauche doit aider les travailleurs à mettre toujours plus de cerveau et toujours moins de muscles dans leur labeur, à s'instruire et non à se détruire à la tâche. Il y a dans ce complexe de Zola, qu'elle entretient de discours en visites « sur site », de campagnes électorales en commémorations, une forme de complicité avec le patronat. Être fier de faire le même métier que son grand-père, c'est une preuve d'aliénation. Flatter la fierté ouvrière, c'est une preuve de conservatisme.

* * *

L'affaire Florange montre combien la gauche n'arrive pas à embrasser la modernité. Dans ce feuilleton politico-syndical, les bonnes décisions ont été prises, et pourtant il laisse le souvenir d'un immense ratage. L'erreur de François Hollande n'est pas d'avoir refusé la nationalisation du site, elle est de l'avoir envisagée.

Tout commence le 24 février 2012, quand le candidat Hollande se risque à « prendre des engagements » devant les salariés. Prudent, il sait que Gandrange, site voisin, a coûté cher à Nicolas Sarkozy, venu en 2008 promettre un avenir garanti par l'État alors que l'usine a fermé un an après. Une pierre tombale a illustré les promesses trahies du président sortant, Hollande ne veut pas qu'on puisse lui en graver une. Il n'y échappera pas.

Le 27 septembre 2012, François Hollande et Lakshmi Mittal ont un accord clair : si le gouvernement trouve un repreneur dans les deux mois, Arcelor lui cédera Florange, y compris l'indispensable cokerie. Le 27 novembre, nouveau face-à-face : il n'y a pas de repreneur, mais François Hollande demande au sidérurgiste indien s'il est prêt à céder l'intégralité du site à l'État français. Refus de l'homme d'affaires. Dans toute cette période, racontée en détail par Valérie Astruc et Elsa Freyssenet [1], deux problèmes sautent

1. *Florange, la tragédie de la gauche*, par Valérie Astruc et Elsa Freyssenet, Plon, 2013.

aux yeux. D'abord, l'incapacité du pouvoir à produire une expertise industrielle capable de rivaliser avec celle de ses interlocuteurs : qu'il s'agisse de penser à long terme le marché de l'acier, de développer une stratégie sidérurgique française ou d'évaluer des projets alternatifs, tel le plan de stockage de CO_2 Ulcos, l'administration est lente, floue et, pour tout dire, pétrie d'amateurisme. Face à un businessman roué, Hollande et ses ministres apparaissent naïfs et démunis. Jusqu'à cette clause secrète, signée par Nicolas Sarkozy en 2008, que Mittal brandit sous le nez de Hollande et qui stipule que les investissements à Florange ne seront obligatoires en 2012 que si la situation économique française s'est améliorée entre-temps… Comment un tel document peut-il échapper à la continuité de l'État ? Ensuite, l'archaïsme des solutions envisagées par le gouvernement est patent, malgré la présence autour de la table d'un certain Emmanuel Macron, alors secrétaire général adjoint de l'Élysée. Trop longtemps, le président et ses acolytes veulent sauver ce qui existe, cette « filière chaude » contre laquelle plaident tous les éléments économiques, des cours de l'acier au coût du travail français, en passant par les perspectives de croissance. Lancée dès la campagne présidentielle, l'idée d'assurer à Florange l'excellence française pour l'acier de demain ne prend forme que tardivement, le 26 septembre 2013, quand Hollande retourne, bruine fine et ambiance houleuse, sur le site même des hauts-fourneaux. Les investissements consentis par Mittal (180 millions d'euros), le « zéro licenciement » obtenu, la plateforme publique de recherche et de développement sur la sidérurgie de demain, le « pacte Lorraine »… Dès la première confrontation avec les salariés, au plus tard lors du face-à-face de septembre avec Mittal, tout cela aurait dû être mis en avant, précédé d'une évidence, d'une bonne nouvelle : les hauts-fourneaux allaient s'éteindre.

* * *

Pourquoi la gauche parle-t-elle économie en regardant dans le rétroviseur ? À défaut d'être libérale, pourquoi n'a-t-elle pas adopté la théorie de la « destruction créatrice » de Joseph Schumpeter ? Qu'il eût été facile à Hollande de parler d'avenir, de nouveaux emplois et de « grappes d'innovation » propres à faire entrer Florange et ses ouvriers dans le siècle futur. C'est d'ailleurs ce qui est en cours, avec l'aide de l'État comme des collectivités locales, et le concours financier de Mittal… Il y a dans cette gauche qui se meurt un autre cadavre qui bouge encore, celui de Karl Marx. Il y a dans cette gauche qui se meurt un squelette dogmatique qui entend aliénation et exploitation chaque fois que l'on parle de travail. Il y a dans cette gauche qui se meurt une incapacité à décrire les lendemains technologiques, à démontrer qu'ils peuvent chanter, et mieux encore que si la révolution advenait.

La gauche technocratique ne sait que préserver et reproduire ce qui est ; la gauche idéologique ne sait que glorifier et répéter ce qui fut. François

Hollande incarne la première ; Arnaud Montebourg représente la seconde.

François Hollande n'a pas arrêté d'usine à Florange – elle l'était déjà. Il n'a pas envoyé d'ouvriers à la casse à Florange – les 629 salariés ont été replacés ou accompagnés vers la retraite. Il n'a rien à se reprocher à Florange – on lui reprochera Florange jusqu'à la nuit des temps. Il déplore aujourd'hui la « gestion politique » de cette affaire, de la querelle Ayrault-Montebourg qui, insultes à l'appui, transforme une négociation industrielle en crise politique, à la bisbille Valls-Duflot sur les Roms, qui escamote le 26 septembre 2013 les annonces positives de Hollande en Lorraine. C'est regarder le problème par le petit bout de la lorgnette. François Hollande ne commet pas une faute de communication, mais une erreur stratégique. C'est sa vision de l'économie qui est fausse, par laquelle il arrive aux bonnes solutions trop tard et à reculons, quand elles devraient être le cœur de son projet.

Hollande, et avec lui tout le socialisme « synthétique », qui prétend fusionner l'ouvriérisme de la première gauche et le réformisme de la seconde, est dans l'erreur philosophique. La preuve ? De Florange il demeure au bilan du président – et il le revendique – une loi contraignant les industriels qui souhaitent fermer un site non rentable à chercher un repreneur ; c'est-à-dire qu'on demande à une entreprise en difficulté d'aider l'un de ses concurrents à l'enfoncer un peu plus ! Cette sorte d'autorisation administrative de licenciement géante témoigne d'un étatisme confondant d'irréalisme.

L'État doit aider les choses à changer plus vite, non à demeurer les mêmes. Jamais un ministre ne devrait s'engager, quand une entreprise va fermer, à sauver les emplois, mais toujours il devrait promettre d'en créer au moins autant dans des activités nouvelles, et ne jamais clore le dossier avant d'y être parvenu. Les batailles défensives, et certaines sont légitimes, relèvent des syndicats ; le politique, lui, doit regarder devant, et déblayer l'économie nationale pour qu'elle relève les prochains défis. C'est à l'arrière-garde que la gauche meurt, et ce n'est pas sa place.

* * *

Si François Hollande gère aussi mal le dossier Florange, c'est aussi parce qu'il est hanté par une phrase prononcée treize ans plus tôt par Lionel Jospin. « Il ne faut pas tout attendre de l'État ou du gouvernement », dit le Premier ministre d'alors, le 13 septembre 1999, à propos des licenciements annoncés par Michelin, ce que la mémoire collective traduira – étrange différence – par : « L'État ne peut pas tout. » Deux ans après la palinodie de Vilvorde, en Belgique, où l'usine Renault a fermé malgré les engagements pris par la gauche française durant la campagne législative, la phrase de Lionel

Jospin devient un terrible boomerang. « Il ne faut pas tout attendre de l'État » signifie que le gouvernement s'oppose aux « licenciements boursiers » exigés par les fonds de pension, mais qu'il ne peut, seul, faire reculer le capital privé. « L'État ne peut pas tout » est, au contraire, un acte de renoncement, la reddition de la gauche dirigiste. Le coût médiatique et électoral est énorme pour Lionel Jospin, il balaye presque les bons chiffres du chômage, et François Hollande en demeurera marqué. Florange après Gandrange et Sarkozy, Vilvorde-Michelin et Jospin, c'est pour lui l'épouvantail absolu. Alors qu'il pourrait saisir cette occasion de marquer sa modernité, d'avaliser la fermeture inéluctable et souhaitable des hauts-fourneaux, tout en insistant sur les multiples projets qui vont prendre le relais, il tente de réparer l'erreur de Jospin, de faire mieux que lui en faisant la même chose que lui.

Sauver Florange « à tout prix » est un raisonnement économique stupide et une tactique politique obsolète. Hollande, homme des années Mitterrand ; Hollande, ou « Jospin, suite et fin ».

Un dernier événement troublant achève de rendre l'affaire Florange éloquente : quelques semaines après la visite de Hollande sur le site, le 26 septembre 2013, pour entériner l'extinction des hauts-fourneaux et annoncer la plateforme de recherche, le dirigeant vedette des ouvriers en lutte, Édouard Martin, est intronisé tête de liste pour le

PS aux élections européennes dans le Grand Est – il sera d'ailleurs le seul élu socialiste de la région au Parlement européen. François Hollande ne tarit pas d'éloges à son égard : « Il est doué, vraiment doué. Il sait se mettre au bon niveau [1]. » Que signifie ce pas de deux présidentialo-syndical ? Quelques mois plus tôt, le syndicaliste au blouson orange mêle chantage et menaces à l'égard du président, s'alliant avec Arnaud Montebourg pour promouvoir une nationalisation dont l'Élysée, officiellement, ne veut pas. Parce que la CFDT joue le jeu ce 26 septembre 2013, parce que Édouard Martin lui offre une sortie honorable et une visite à peu près placide, après un an de conflit, Hollande lui offre un siège à Strasbourg… Réformiste, la CFDT est certes le seul grand syndicat de salariés qui regarde devant et tente d'inventer ; mais à Florange, Martin incarne pendant de longs mois la lutte défensive, celle qui veut empêcher les mutations plutôt que les accompagner. Par ce cadeau politique, Hollande montre d'abord qu'il fonctionne à l'ancienne, dans un jeu de rôles où la gauche politique achète la gauche syndicale, où elle paye le prix de la paix sociale en prébendes publiques ; il prouve ensuite qu'il vaut mieux le combattre que l'aider, qu'un adversaire face à lui pèse le poids des ennuis qu'il peut causer.

C'est ainsi, exactement, qu'Arnaud Montebourg a décidé de défier le président.

---

1. *Un président ne devrait pas dire ça*, *op. cit.*, p. 248.

Portrait 1

Arnaud Montebourg : Capitaine Fracasse ou Matamore ?

Quand Arnaud Montebourg se regarde dans un miroir, il peut voir le héros politique que la France cherche sans cesse, applaudit toujours et n'élit jamais. Un homme composé à 80 % de verbe, à 20 % de geste et à 0 % de compétences, un homme qu'on aime pour son « être » et son « dire », et non pour son « faire », un homme de tréteaux plus que d'établi.

Arnaud Montebourg, c'est le Capitaine Fracasse, c'est-à-dire le héros noble de cœur et de sang, désargenté mais courageux. La devise du baron de Sigognac, le héros de Théophile Gautier, lui va d'ailleurs si bien : *alta petunt* – ils cherchent ce qui est élevé. Arnaud Montebourg, c'est aussi Matamore, le personnage de la commedia dell'arte que Corneille porte au plus haut dans *L'Illusion comique*, avec ses vains moulinets, son sabre de bois, ses exploits imaginaires et ses lâchetés bien réelles. Montebourg n'est pas lâche, et c'est pourquoi il n'est pas tout à fait Matamore ; Montebourg n'est pas noble, et c'est pourquoi il n'est pas tout à fait Fracasse ; Montebourg est un peu les deux, et c'est pourquoi il est tout à fait français.

Arnaud Montebourg est le grand ferrailleur de la gauche, au double sens du terme : il ferraille sur le pré et il le mène à la casse. Depuis 1997, avec une constance admirable et pathétique à la fois, il échoue à rénover le Parti socialiste, et se retrouve quinquagénaire avancé en n'ayant jamais cessé d'être un espoir.

* * *

C'est avec les affaires, celles qui relèvent de la justice, qu'il commence sa carrière, en pourfendeur des turpitudes de Jacques Chirac et d'Alain Juppé, mais aussi des crapuleries de la gauche, et de tous les paradis fiscaux. C'est avec les affaires, celles de la Bourse, qu'il continue sa carrière, dénonciateur de la mondialisation et du capitalisme sans frontières, qui le mènent sur le funeste chemin de l'opposition à l'Europe. C'est avec les affaires, celles de l'État, qu'il tente de parachever sa carrière, en essayant de représenter la gauche lors de la présidentielle de 2017.

Son éviction du gouvernement, le 25 août 2014, est piteuse. Pour avoir promis « une bonne bouteille de la cuvée du redressement » au président, le voici congédié comme un collégien passé en conseil de discipline. Pas le temps d'installer une pensée économique alternative, pas le temps d'assurer sa mainmise sur les « frondeurs », pas le temps de sculpter son profil de présidentiable. Pis : son successeur, Emmanuel Macron, devient vite la coqueluche des médias et des Français. Macron n'est pas Matamore, il est plutôt Rodrigue aux yeux de l'opinion, éternelle Chimène…

Arnaud Montebourg manque de constance. Ses ruptures sont des foucades, ses accélérations sont des emballements. Quand il lance le Nouveau Parti socialiste, en 2002, ses complices s'appellent Vincent Peillon et Benoît Hamon : de quoi nourrir un beau roman de mousquetaires. Las ! « Tous pour un » devient vite « Chacun pour soi » et le trio se disloque en heurtant les murailles du « vieux » Parti socialiste. En novembre 2005, quand il refuse de suivre Vincent Peillon dans son alliance avec François Hollande, Arnaud Montebourg pourrait sortir du congrès du Mans en rénovateur : la « nuit des résolutions » est sanglante, la synthèse mitonnée par François Hollande n'a pas la moindre crédibilité. Pour le dirigeant de feu le NPS, tout est perdu, fors l'honneur – mais l'honneur, c'est beaucoup en politique. Hélas, c'est en suiveur qu'il se recycle, dans le sillage de Ségolène Royal. Candidat lui-même à la primaire de 2007, il aurait écrit un autre destin.

Quand il se lance enfin en 2011, parcourant la France pour haranguer les foules en grimpant sur une « caisse à savon » dans les rues et les carrefours, Arnaud Montebourg fait fructifier son capital personnel. Avec 17 % des voix au premier tour, il est la révélation de la primaire. Qu'en fera-t-il ? Il passe de la caisse à savon aux estrades de Bercy pour défier les patrons, sermonner Peugeot et déclencher une crise politique pour les hauts-fourneaux condamnés de Florange. Montebourg est flambant, flamboyant, flambeur. Il préfère allumer un incendie à entretenir un feu.

Arnaud Montebourg ne se trompe pas de combats, il se trompe de stratégie. La VIe République, une mondialisation régulée, une relance des PME ou le patriotisme économique sont des enjeux modernes et cruciaux, mais ses réponses sont erronées. Supprimer l'élection du président au suffrage universel, rétablir le protectionnisme, nationaliser des entreprises : cette stratégie radicale ne correspond ni à son personnage ni à l'époque, mais plutôt à l'espace qui lui semble le plus opportun au sein du PS. Ne pouvant gagner le parti par son centre, Arnaud Montebourg choisit de le prendre par la gauche. Ce malentendu – cette imposture, disent ses ennemis – explique ses ennuis et ses limites. Quand il invite à son rendez-vous annuel de Frangy-en-Bresse, en août 2015, son alter ego grec, Yanis Varoufakis, il s'inscrit au cœur de cette gauche alternative qui n'arrive pas à prendre le pouvoir, coincée entre les plus radicaux, qui entraînent les révoltés, et les plus gestionnaires, qui fédèrent les raisonnables.

Montebourg est trop mou pour les premiers et trop fou pour les seconds.

Incapable de nouer des alliances solides, de s'entourer de lieutenants indéfectibles et d'animer un clan fidèle, ceint de réseaux puissants, Montebourg fonctionne par coups médiatiques, combats échevelés, flamberge au vent. Écarté du gouvernement, brocardé pour sa nouvelle vie d'entreprise, écartelé entre une France populaire qui porte sa colère vers Jean-Luc Mélenchon – ou Marine Le Pen – et une France des classes moyennes qui en pince pour Emmanuel Macron, Montebourg devient l'égaré de la vie politique.

* * *

Que l'ancien député de Saône-et-Loire joue son destin dans une primaire ouverte est cocasse, puisque c'est lui qui invente ce processus, en 2009, pour le Parti socialiste. Il imagine d'abord une élection tournante, de région en région, avec élimination à chaque tour des candidats les moins bien placés. Utopie, que le seul bon sens suffit à discréditer. Si l'on commence par le Nord-Pas-de-Calais et que Ségolène Royal est éliminée, que se passe-t-il ? Si l'on commence par le Poitou-Charentes et que Martine Aubry est éliminée, que se passe-t-il ? Qu'il ait pu croire à cette « tournée » des primaires démontre l'irréalisme de Montebourg, qui pousse trop loin la rime entre rénovation et innovation.

Le 20 février 2015, Arnaud Montebourg est le héros d'un étrange incident dans un restaurant chic de Manhattan. Un immense miroir se décroche du mur et tombe sur les convives ; Montebourg enraye sa chute, empêche l'explosion de la glace qui s'affaisse sur lui – il quitte l'établissement sur une civière, mais sort rapidement de l'hôpital. Éloquente aventure : Montebourg victime d'un miroir, c'est Narcisse puni ; Super Arnaud à New York, Nono le Héros, c'est la posture flamboyante que l'on aime chez cet homme.

Le 22 janvier 2017, avec un peu plus de 17,5 % des voix, comme en 2011 (mais beaucoup moins de bulletins à son nom, du fait de l'abstention), et une troisième place, comme en 2011, Arnaud Montebourg connaît un cruel coup d'arrêt : il n'incarne plus la rénovation – c'est Benoît Hamon –, mais il n'est pas non plus le versant classique du parti. Ce jour-là, le miroir tombe sur Montebourg, et se brise…

CHAPITRE 4

Leonarda, par-delà le bien et le mal
La fin de la gauche morale, ou pourquoi Victor Hugo est renvoyé en exil

Qu'est-elle devenue, retournée à l'anonymat de sa triste vie au Kosovo ou en Croatie, où on l'a retrouvée en 2017, ou à l'errance quémandeuse de l'Europe des nomades ? Elle laisse dans l'histoire politique française un prénom – Leonarda –, le physique disgracieux d'une adolescente pauvre et un ahurissant « dialogue » avec François Hollande. D'un côté, l'un des enfants de la famille Dibrani, Roms du Kosovo, tels que les décrit un rapport d'enquête du ministère de l'Intérieur, peu amène. De l'autre, le président de la République française, qui dispose d'un droit de veto au Conseil de sécurité des Nations unies et peut appuyer sur le bouton nucléaire. Que croyez-vous qu'il arriva ? Ce fut Leonarda qui gagna…

Une lycéenne dont la famille, en situation irrégulière, est en voie d'expulsion est cueillie, au retour d'une sortie scolaire, au pied du bus, par les forces de l'ordre. Aucune faute n'est commise, signale peu après une inspection administrative, qui note seulement un « manque de discernement ». L'affaire enfle, relayée par des associations qui se mobilisent, des intellectuels qui s'agitent et des poignées de lycéens qui font grève et bloquent leurs établissements. Entre le ministre de l'Éducation, Vincent Peillon, qui ne tolère pas que la police intervienne dans le périmètre scolaire, le ministre de l'Intérieur, Manuel Valls, soucieux de l'autorité de l'État, et le Premier ministre, Jean-Marc Ayrault, qui cherche à rassurer la gauche, la zizanie règne. En quelques jours, entre le 15 et le 19 octobre 2013, un simple dossier d'expulsion parmi d'autres devient l'« affaire Leonarda ». Le samedi 19 octobre, après une réunion confuse à l'Élysée, le président prend la parole à la télévision et annonce à la nation ébahie que la famille Dibrani ne peut revenir en France, mais que l'adolescente, seule, est la bienvenue.

Ce rocambolesque épisode n'est pas seulement une rupture d'image pour François Hollande, il est aussi une preuve de la faillite de la gauche dite morale, de sa coupure avec le peuple. Parce qu'en politique le ridicule tue parfois, la présidence à la Hollande se brise en trois endroits à l'occasion de ce pataquès. C'est la fin de la synthèse, la fin de la verticalité et la fin de l'immunité.

Leonarda et ses dégâts, en vérité, début de la fin.

* * *

Longtemps, la synthèse hollandaise fut une fabrique de consensus, au pire une usine d'eau tiède ; pour la première fois, le cocktail des contraires est détonnant. À ne vouloir fâcher personne, ni dans son exécutif ni dans son électorat, François Hollande braque tout le monde et perd autorité et crédit. Ce n'est pas le chef de l'État qui a proposé une solution, c'est le premier secrétaire du Parti socialiste ; ce qui était efficace pour le fonctionnement d'un parti ne l'est pas pour la direction d'un pays. Au moment de Florange, Hollande a clairement choisi le point de vue de Matignon contre celui de Bercy, Ayrault contre Montebourg. Dans les multiples prises de bec entre le ministre de l'Intérieur et celle de la Justice, il a tranché en faveur de Valls contre Taubira ; et de même vient-il de donner raison au premier contre Cécile Duflot après un différend, déjà, sur les Roms. Cette fois, Hollande ne choisit pas, il additionne, il essaye de transcender le désaccord de ses ministres alors qu'on lui demande de le régler. Qu'il autorise les Dibrani à revenir en France, et il aura contre lui la droite, bien sûr, mais aussi une partie de l'administration et de nombreux élus locaux, de tous bords. Qu'il soit ferme et valide définitivement l'expulsion, et il affrontera la gauche droit-de-l'hommiste, mais aussi une partie de la jeunesse, qui pourrait bien redescendre dans la rue après les vacances de la Toussaint. À vouloir éviter ces deux fronts, le président les unit contre lui. Non que l'affaire Leonarda se poursuive – l'opinion se distrait vite de ce cas indéfendable – mais les Français unanimes considèrent qu'il a mal décidé.

Ménager la chèvre et le chou lui vaut d'avoir la ferme sur le dos…

Ce n'est pas seulement le premier secrétaire du PS qui échoue ici, parce qu'il ne l'est plus ; c'est le président « vertical », parce qu'il ne l'est pas – et ne le sera d'ailleurs presque jamais. Hollande a toujours théorisé le rapprochement du chef de l'État et de son peuple, en cela aussi chiraquien que Chirac. Le monarque inaccessible, à la de Gaulle ou à la Mitterrand, lui semble une figure du passé, et il a raison : le président de tous les Français doit être un président comme tous les Français. Mais il confond, dans l'affaire Leonarda, la proximité et l'exposition, la compréhension et la confrontation. Que le magistrat suprême s'intéresse à un dossier qui émeut une partie de la population et soulève un débat public enfiévré, c'est naturel, voire salutaire. Qu'il endosse personnellement la décision, a fortiori une mauvaise décision, conférant à un cas particulier l'importance d'une affaire d'État, est une faute.

Le récit de la réunion élyséenne préalable à la prise de parole présidentielle est éloquent. Pour Elsa Freyssenet [1], Hollande est d'accord sur le fond avec la fermeté de Valls, mais il veut sauver la face du Premier ministre, partisan d'un retour de la famille. « François Hollande coupe la poire en

1. *Ça n'a aucun sens*, par Elsa Freyssenet, Plon, 2016, p. 76.

deux », résume-t-elle. Sauf que la poire, c'est lui. Elle ajoute que Manuel Valls, cherchant à se protéger, incite le président à parler, tandis que Vincent Peillon le lui déconseille. Pour Antonin André et Karim Rissouli, la tension entre l'hôte de Matignon et celui de Beauvau est à son comble : « À l'Élysée, ce matin-là, Ayrault veut me faire trébucher [1] », leur assure Valls. Pour calmer les esprits, Hollande prend donc sur lui et prononce l'inverse exact d'un jugement de Salomon, puisqu'il renvoie dos à dos au lieu de décider. Il ne veut pas que Valls ait le dernier mot : pour qu'on ne se demande pas ce que pense le président, dit-il aux deux journalistes ; pour ne pas le laisser engranger le bénéfice de la fermeté, peut-on penser. Mais il ne veut pas qu'Ayrault ait semblé imposer sa solution à Valls, avec l'aval de l'Élysée. En vérité, Hollande a peur. Peur que son gouvernement ne se déchire, peur que son ministre de l'Intérieur ne dévore son Premier ministre, peur que Valls n'apparaisse plus présidentiel que lui. Il a peur de tout ce qui va lui arriver lors des six mois suivants. Ayrault dépassé par le désordre, ce seront les « bonnets rouges » en novembre. Le Premier ministre en fusible grillé, ce sera l'effet des municipales de mars 2014. Valls irrésistible, c'est quand il devra le nommer à Matignon en avril. Il faut ajouter à celles-ci une crainte, de nature domestique : le président ne veut pas, inflexible, irriter sa compagne d'alors, Valérie Trierweiler, qui s'est clairement exprimée contre cette

1. *Conversations privées avec le président*, *op. cit.*, p. 40.

arrestation en milieu scolaire. Cet ultime fléau qu'il compte éviter par sa demi-mesure lui tombera dessus le 10 janvier suivant, à cause de *Closer.*

François Hollande n'est donc pas Zeus sur l'Olympe, il est l'un des acteurs du pouvoir, à peine un *primus inter pares*. À détruire la verticalité présidentielle, il se retrouve dans la mêlée sans cesse, perd de vue la ligne d'horizon, prend des coups, est enfumé par les uns et par les autres. L'affaire Leonarda le met au jour : il n'y a plus d'immunité présidentielle, le chef de l'État n'est protégé d'aucune attaque. Il se plaint, au contraire, devant Rissouli et André comme devant Lhomme et Davet, d'avoir dû protéger Manuel Valls contre le « manque de discernement » de ses policiers, et Ayrault contre sa mansuétude excessive. Singulière conception du pouvoir que celle d'un président qui s'expose en lieu et place de ses subordonnés ! Imagine-t-on François Mitterrand en faire autant ? L'affaire du *Rainbow Warrior* a montré où il plaçait le curseur de la responsabilité, sacrifiant un fidèle et vieux serviteur, Charles Hernu, sans un mot en public – et nul ne sait aujourd'hui encore s'il donna l'ordre de faire sauter le bateau de Greenpeace ou laissa simplement faire…

* * *

En ruinant la verticalité et l'immunité liées à sa fonction, François Hollande participe gravement de l'extinction de la gauche. Avec François Mitterrand, elle avait prouvé qu'elle savait présider ; avec Pierre Mauroy et Michel Rocard, notamment, qu'elle savait gouverner. En dix-huit mois, la France assiste en même temps à « Panique à l'Élysée » et « Brouillon à Matignon ». Déjà, à la sortie de l'été 2012, il manque nombre de membres dans les équipes ministérielles, et neuf directeurs de cabinet, soit près d'un quart, changent dans la première année du quinquennat. La gauche, aux étages supérieurs de l'État, montre qu'elle ne sait plus gouverner. À moins qu'elle ne le veuille plus ? Avant 2012, certains barons se félicitent d'une France où la droite gère l'ingérable au niveau national, tandis que la gauche fait prospérer les territoires. Joies de l'opposition en haut, ivresse de l'action en bas. De Jospin à Hollande, la gauche a perdu le sens de la gouvernance, elle ne sait plus ce que « pouvoir » veut dire, elle sait le conquérir, pas l'exercer. Cette perte de gouvernance qui saute aux yeux des Français à l'occasion de l'affaire Leonarda, elle ne peut être attribuée aux seules maladresses ou à la seule médiocrité des personnes, estompées par le professionnalisme de quelques-uns, comme Jean-Yves Le Drian ou Laurent Fabius, ni même aux déséquilibres des alliances partisanes, qui ont hissé dans les ministères d'évidentes incompétences. Il s'agit d'une faillite globale de la gauche, qui doit s'en alarmer pour l'avenir : elle ne sait plus gouverner aussi bien qu'avant.

* * *

Avec son insolence télégénique et toute la force de ce qu'elle et sa famille incarnent, Leonarda Dibrani révèle enfin un dernier malheur de la gauche, funeste, fatal : elle ne sait plus ce qu'est la morale, elle perd les notions de bien et de mal. Une adolescente interpellée au retour d'une sortie scolaire par des pandores qui expulsent toute une famille, c'est à coup sûr le mal. Des Roms qui ont fui le Kosovo en guerre pour errer de système d'accueil italien en demandes d'asile françaises, c'est forcément le bien. Une jeune fille qui a porté plainte à plusieurs reprises contre son père et qui est d'évidence manipulée lors de ses déclarations, parfois monnayées, dans les médias, ce n'est néanmoins pas tout à fait le bien… Et une démocratie qui autorise un long séjour, le temps d'épuiser tous les recours possibles après le refus de l'asile politique, loge les réfugiés présumés, leur verse un pécule et scolarise leurs enfants, ce n'est pas vraiment le mal…

Quand les malheurs sont lointains et qu'il s'agit d'imposer une intervention humanitaire, voire une ingérence politique ou militaire, les droits de l'homme ont des contours nets et la France sait qui elle est et ce qu'elle doit faire. Sarajevo, Kigali, Kaboul, Benghazi et Gao le rappellent sans cesse : agir est bien, attendre est faible, ignorer est mal. Peu importe le long terme, urgence et ingérence riment ensemble et avec France. Le pays de Hugo aide le déraciné, l'affamé, le bombardé, l'émigré. Mais quand les malheureux descendent des bateaux ou des trains, qu'ils se faufilent dans les interstices du droit européen par les brèches de Schengen, la gauche perd le sens des valeurs.

Michel Rocard le premier signale, au tout début des années quatre-vingt-dix, que « la France ne peut accueillir toute la misère du monde, mais qu'elle doit en prendre sa part ». Une certaine gauche n'entend, comme la droite, que la première partie de la phrase, une autre s'efforce de mesurer la taille de la part, une troisième pense que limiter c'est trahir et que l'hospitalité ne se rationne pas. Avec Leonarda, ces trois gauches entrent en guerre civile. François Hollande est « rocardien », puisqu'il veut prendre sa part – la fille – et laisser le reste – la famille – au Kosovo. Manuel Valls décrète le trop-plein, comme il l'a fait le 25 septembre précédent en expliquant que les Roms ne peuvent s'intégrer, sauf « quelques familles » – il travailla avec Michel Rocard… La gauche associative et idéologique, elle, veut que l'accueil soit sans limite et la régularisation des sans-papiers, automatique. Il ne s'agit pas de bobos déconnectés, mais de vrais militants dévoués et sincères, qui s'estiment fidèles à l'idéal éternel de la gauche, à ses valeurs fondatrices, en embrassant la cause des damnés de la Terre. Il s'agit de la gauche qui croit encore en la définition de Victor Hugo : « La France est un besoin des hommes. » Cela veut dire qu'elle doit donner l'exemple, être un phare pour guider les peuples. Or les naufragés sur leur radeau vont vers le phare, et la France doit les accueillir sous peine de n'être plus la France. Sous cette pression idéologique, face à un tel cas de conscience, de nombreux « éléphants » du Parti socialiste, jusqu'au Premier ministre, estiment qu'il faut, au moins, rapatrier la famille Dibrani, au bénéfice du doute et pour la valeur de l'exemple.

La fracture est violente. Le jour même de l'allocution présidentielle, le Parti socialiste s'exprime officiellement pour le retour de toute la famille ! Pour François Hollande, le vrai problème dans cette affaire n'est pas sa décision – il n'en démord pas –, à peine la communication : « Une solution aurait été beaucoup plus simple : ne pas parler et se contenter d'un simple communiqué. Si je devais refaire le film, je traiterais cette affaire de la même manière, mais je laisserais Valls en faire le service après-vente télévisé [1]. » Non, pour le président, le souci, c'est le parti : « Si le PS, si Harlem Désir avait dit, lors de sa première expression, que j'avais pris la bonne décision, ça aurait été différent. Mais là, il me lâche ! Le PS dit qu'il faut faire rentrer toute la famille. Les Français se disent : “Hollande parle et il n'est même pas suivi par son propre parti !” J'en ai fait le reproche à Harlem Désir. Je lui ai dit : “Même si tu n'es pas au courant, même si tu n'es pas d'accord, sur une affaire comme celle-là, tu dois suivre la ligne !” [2] »

1. *Ibid*, p. 46.
2. *Ibid*, p. 47.

Tout est dit : Hollande ne comprend pas que c'est sa position qui est intenable sur le fond, consacrant sa méprise sur ce qu'est un arbitrage présidentiel par rapport à un compromis d'apparatchik ; le parti ne suit pas le président parce qu'il n'est ni associé, ni cornaqué ; les querelles de ministres comme les indisciplines de Solferino sont facturées à l'Élysée, éponge à erreurs. Le symbole est plus fort encore que la réalité, puisque c'est Harlem Désir, l'homme de SOS Racisme, la figure emblématique de « Touche pas à mon pote », qui dirige le parti au moment de cette « félonie ». Il doit sa carrière entière à cet engagement des années quatre-vingt, au service du machiavélisme de François Mitterrand – attirer la jeunesse par un combat idéaliste et affaiblir la droite en aidant le FN à croître. Transparent premier secrétaire avant d'être un fantomatique secrétaire d'État chargé des Affaires européennes, il n'est ni rebelle ni leader, mais l'incarnation « marketée » de la gauche droit-de-l'hommiste à l'ancienne. La boulette Leonarda lui vaut de perdre la tête du parti quelques mois plus tard… pour entrer au gouvernement. François Hollande a la punition paradoxale, et cette indulgence lui est comptée comme une faiblesse, une de plus.

Le 19 octobre 2013, le message envoyé au président par son parti, c'est « Touche pas à mes Roms ».

Division en haut, déchirure en bas. Si la gauche perd le sens de ses valeurs, c'est qu'elle ne les partage plus avec son électorat. Partout, la xénophobie progresse, douce et insidieuse. L'électorat populaire n'est pas vindicatif, il n'a « rien contre les étrangers », mais il ne veut plus de Roms, il veut moins d'immigrés et, bientôt, moins d'islam. Ce glissement majeur est perçu par la plupart des élus locaux, qui tentent de marier tant bien que mal ordre public et générosité. Rue de Solferino, la réaction est différente : si le peuple ne pense plus comme il faut, il devient nécessaire de larguer le peuple. Ainsi, en vingt ans, l'électorat populaire est abandonné par le PS, qui croit le livrer au néant de l'abstention ou au folklore de l'extrême gauche et le retrouve au Front national. Le « populo » n'est pas solidaire des Dibrani, il n'obéit pas aux oukases venus d'en haut, au nom de valeurs qui ne sont plus, pour lui, que de la bien-pensance : même la jeunesse engagée finit par se détourner, alors que la famille ne revient pas, de cette cause boiteuse. Toute une partie de la gauche s'est trompée de combat, trompée d'époque, trompée d'idéologie. Il n'y a plus de peuple pour une gauche comme celle-ci.

L'accident présidentiel du 19 octobre 2013 est crucial pour comprendre l'impasse du quinquennat et l'épuisement de la gauche. La polémique Dibrani anticipe la déchirure de la déchéance de nationalité, elle est la première secousse de ce terrible séisme qui fracturera la fin de mandat. Le dilemme Leonarda annonce le malaise des migrants, qui montrera qu'en 2015, sous un gouvernement de gauche, la France est moins accueillante que l'Allemagne, que le pays qui enfanta Rousseau est moins humaniste que celui qui accoucha d'Hitler.

Être de gauche, dans l'affaire Leonarda, c'est aider ceux qui respectent les règles et punir ceux qui les enfreignent : c'est donc expulser la famille Dibrani. Être de gauche, dans l'affaire Leonarda, c'est aider ceux qui usent du droit et de la générosité et punir ceux qui en abusent : c'est donc expulser la famille Dibrani. Être de gauche, dans l'affaire Leonarda, c'est préserver l'autorité de l'État pour qu'elle ne soit pas défiée demain : c'est donc expulser la famille Dibrani. Être de gauche, dans l'affaire Leonarda, c'est garantir aux classes populaires qu'il n'y a pas de court-circuit dans l'aide sociale, de « prime au faciès » parce qu'un profil de « minorité visible » plaît à des associations, des médias ou des intellectuels : c'est donc expulser la famille Dibrani.

Être de gauche, dans l'affaire Leonarda, et c'est là tout le problème, c'est être de droite.

Manuel Valls en est l'incarnation, considéré par nombre de ses amis socialistes comme un égaré idéologique, un apostat. En cet automne 2013, l'opinion le soutient de plus en plus, ce qui le propulsera à Matignon moins de six mois plus tard.

Portrait 2

Manuel Valls : super-Hollande ou sous-Sarkozy ?

Au lendemain du dernier débat avant le premier tour de la primaire de gauche, le 20 janvier 2017, Manuel Valls est rogue. Pas de mauvaise humeur – il sourit et reste calme –, mais installé dans un fatalisme un brin écœuré. « De toute façon, vous voulez Macron. Les médias veulent un second tour Macron-Le Pen. Vous voulez faire turbuler le système. Mais à jouer à cela, un jour vous aurez Le Pen. »

La primaire, l'ancien Premier ministre le sait, est en train de lui échapper. Parce qu'il a raté sa campagne, entamée par l'ahurissant reniement sur le 49.3, promis à la casse après avoir tant servi. Ce jour-là, Valls perd les électeurs qui apprécient son autorité efficace et ne récupère pas ceux qui fustigent sa brutalité procédurale. Il perd pied aussi parce qu'une force supérieure l'entraîne par le fond : le rejet de Hollande, la condamnation de son quinquennat. Le président sortant n'est plus en lice, mais les déçus et les furieux veulent leur part de sang, ils veulent que quelqu'un paye pour ces cinq années de dupes. Ce sera Valls.

À deux jours du premier tour, l'ancien Premier ministre se fait fataliste : « Soit les gens veulent une gauche de gouvernement crédible, et c'est moi, soit ils veulent une gauche d'utopie, d'opposition, et ce sera un second tour Hamon contre Montebourg. » Ce sera finalement une issue entre ces deux versions, avec Montebourg éliminé au premier tour, mais Hamon victorieux au second. Cela s'appelle le supplice chinois ; ou boire le calice jusqu'à la lie.

L'échec de Manuel Valls est celui d'un réformateur autoritaire, qui sait ce qu'il veut faire et le confond avec ce qu'il faut faire. Cette assurance est sa force et, en même temps, une fragilité : tendu comme une corde d'arc, il n'a aucune souplesse, presque pas d'élasticité et n'emporte ses victoires qu'à la force, jamais par la ruse ni grâce à des alliances de contournement. Valls convainc ou contraint, il ne contourne pas. Il est l'anti-Talleyrand.

Durant le quinquennat, il rompt avec sa nature une seule fois, quand il ourdit un minutieux complot pour obtenir la tête de Jean-Marc Ayrault. La conjuration avec Benoît Hamon et Arnaud Montebourg fonctionne à merveille, mais elle est idéologiquement contre nature, et ne dure que quelques semaines. Sur un coup de force, le 25 août 2014, il se débarrasse du duo coupable, à Frangy-en-Bresse, d'insolence envers le président et de mise en cause de la ligne du Premier ministre. Le 22 janvier 2017, quand Arnaud Montebourg apporte son soutien total et immédiat à Benoît

Hamon pour le second tour de la primaire, n'est en fait que la revanche du 25 août.

En avril 2014, comme lors de la primaire de 2011, la génération des « sixties » (Montebourg 1962, Valls 1962, Hamon 1967), s'allie contre celle des « fifties » (Hollande 1954, Ayrault 1950). En août 2014, elle lance la guerre intra-générationnelle, qui doit n'en propulser qu'un seul vers la présidentielle. Résultat de ce massacre fratricide : François Hollande nomme à Bercy un jeune ministre inconnu du grand public, Emmanuel Macron. Non seulement les loups s'entre-dévorent, mais un bébé dragon est là, qui va tous les carboniser en moins de trois ans.

L'échec de Manuel Valls est celui du réformisme social-libéral, c'est-à-dire du choix clair et net en faveur de l'entreprise, en faveur de la politique de l'offre. Dès les vœux présidentiels du 31 décembre 2013 et l'annonce du « pacte de responsabilité », la nomination de Manuel Valls à Matignon est amorcée, elle est le filigrane obligatoire de ce revirement politique. La nouvelle stratégie est beaucoup plus proche du hollando-delorisme originel que des promesses de campagne de 2012, mais Valls lui apporte une dimension supplémentaire, celle du volontarisme, de la marche forcée. Valls est un super-Hollande. Comme l'amour n'existe pas hors des preuves d'amour, le nouveau Premier ministre ne se contente pas de dire, lors de l'université d'été du Medef, le 27 août 2014, « J'aime l'entreprise », il le prouve, de la mise en œuvre du pacte – preuve d'amour fiscale – à la loi El Khomri sur le droit du travail – preuve d'amour idéologique. Créer des richesses avant de les distribuer, restaurer la compétitivité afin de soutenir les investissements et de favoriser l'emploi : la politique suivie est clairement libérale, clairement de droite (sauf que la droite l'applique rarement…). Par cette transgression, Manuel Valls accomplit au pouvoir une révolution qu'il n'a jamais pu imposer au Parti socialiste, celle qui assume et complète le tournant opéré en 1983. Mais il prend un double risque : si cette politique est efficace à court terme, le chômage baissera et François Hollande sera en mesure de se représenter ; si elle échoue ou ne donne que de maigres résultats, le président ne se représentera pas, mais le Premier ministre sera aussi comptable de l'échec, et contesté s'il se lance dans l'aventure de la primaire.

L'échec de Manuel Valls est celui d'un apôtre de la laïcité face à la tentation du communautarisme qui ronge la gauche. Les fissures sont anciennes, qui remontent aux années quatre-vingt-dix et aux premiers débats sur le voile islamique. Elles se sont creusées en 2010 avec la loi qui interdit de se couvrir le visage, imposée à la droite par Jean-François Copé et votée par Manuel Valls. En arrivant à Matignon, ce dernier semble avaliser la ligne laïque au détriment des partisans du droit à la différence et des communautaristes déclarés. Mais c'est une illusion, dissipée en deux temps. Le premier est la polémique sur le burkini, ce vêtement de bain qui signe moins une radicalité religieuse (pour les salafistes, aucune baignade n'est décente !) qu'une affirmation identitaire. Le Premier ministre soutient ouvertement les maires de la Côte d'Azur, très droitiers, qui interdisent un tel signe ostentatoire. Outre le Conseil d'État, nombre de voix de gauche le déjugent, considérant que cette fermeté est une discrimination, voire le premier pas d'une démarche islamophobe. Parmi ces critiques, celle de sa ministre de l'Éducation, Najat Vallaud-Belkacem, est la plus inquiétante. Elle qui n'excipe jamais d'une quelconque foi musulmane et joue rarement de son origine marocaine pour légitimer ses opinions semble choisir son camp pour un motif sociétal et non politique, plus soucieuse de ne pas fâcher l'électorat musulman que d'affirmer la solidarité gouvernementale.

Najat contre Manuel dans l'affaire du burkini, c'est l'incandescence de la tentation communautaire, puisque la querelle oppose une femme qui n'a jamais théorisé la préséance de l'identité sur les valeurs républicaines à un homme qui n'a jamais opposé la laïcité à la liberté d'expression de sa foi. Or, en cette fin d'été 2016, c'est l'opinion qui bascule après l'attentat de Nice et l'égorgement d'un prêtre en Normandie : à la mobilisation publique contre le djihadisme succède un rejet sourd et secret, mais profond, de la visibilité musulmane. L'opinion pense que l'islamisme reculera si l'islam recule. Le combat n'est donc plus une lutte de police, mais de culture : c'est la victoire à la droite de la droite des tenants du « grand remplacement », qui provoque un raidissement des communautaristes à la gauche de la gauche.

Comme le triomphe de François Fillon dans la primaire de droite s'explique en partie par le premier phénomène, celui de Benoît Hamon dans la primaire de gauche vient en partie du second. Manuel Valls le sait, qui attaque sous cet angle son rival, dans l'ultime débat télévisé. Pour expliquer l'absence de femmes dans un café de Sevran, en Seine-Saint-Denis, Hamon en a appelé à une tradition ouvrière, refusant d'incriminer un sexisme fondé sur le Coran. S'opposent donc une gauche de l'excuse, qui brandit les humiliations subies par les immigrés pour justifier la tolérance communautaire, et une gauche du principe, qui réaffirme le primat de la République et considère que l'islam doit faire des concessions au nom de l'intégration. La défaite de Valls face à Hamon est le revers, provisoire peut-être, des laïques affirmés face aux laïques timorés.

L'échec de Manuel Valls est, enfin, celui de l'autorité brutale mais légitime. Quand le ministre de l'Intérieur décide, en janvier 2014, de mettre un terme aux agissements de Dieudonné, il n'est pas encombré par les soutiens venus de la gauche, alors qu'il a pour lui le droit et les valeurs républicaines. Dans l'application de l'état d'urgence, la lutte contre le terrorisme et les batailles de la sécurité, sa recherche de l'efficacité ne correspond pas à la culture de gauche. Enfin, quand il décrète l'évacuation de la Zone à défendre qu'occupent les activistes opposés à la construction de l'aéroport Notre-Dame-des-Landes, sa fermeté s'enlise dans la procédure et la lâcheté administrative. La ZAD ne sera pas évacuée, ni l'aéroport, sans doute, jamais construit. Lèvres pincées, sourcils froncés, œil bleu acier, parangon de la ténacité sans l'efficacité, Valls apparaît alors comme un sous-Sarkozy.

« Dans une campagne présidentielle, on s'adresse à huit Français sur dix chaque fois qu'on prend la parole, car les gens votent ; dans une primaire, on avance à tâtons, on s'adresse à un électeur sur dix quand on parle. » Désorienté dans la campagne, Manuel Valls sait où est sa France, mais ne trouve plus sa gauche. Où sont passés tous ces citoyens qui lui assurent depuis 2012 un matelas d'opinions positives assez confortable ? De droite ils sont, et se moquent de la primaire. Macronistes ils sont devenus, et se moquent de la primaire. Hollandais ils demeurent, et se moquent de la primaire.

Pour Valls, avec la défaite au second tour de la primaire, à 41 %, le coup d'arrêt n'est pas forcément un terminus. Si Hamon est écrasé au premier tour de la présidentielle et Fillon vainqueur au second, il pourra reprendre sa tentative de rénovation du PS. En revanche, si Macron est élu président de la République, destin, pour Manuel Valls, rimera avec strapontin…

Interlude 2

Ce que Manuel Valls et François Hollande se sont dit lors du déjeuner du 28 novembre 2016

Lundi 28 novembre 2016, 14 h 30, palais de l'Élysée.

François Hollande : Vas-y, sers-toi, c'est de l'omelette norvégienne.

Manuel Valls : Brûlant dehors, glacé dedans : un vrai dessert politique.

FH : Tu veux dire : cramé en apparence, mais dur en profondeur, un vrai dessert politique.

MV : Ça, ça veut dire que tu te représentes…

FH : Tu serais bien embêté, hein ?

MV : Pourquoi je serais embêté ? Tu te représentes, tu te fais écraser, pendant ce temps-là je tiens la boutique. Et après je m'occupe de 2022.

FH : Et si je suis réélu ?

MV : Alors là, je me fais pape…

(Un temps.)

FH : Pourquoi tu as fait ça ?

MV : Quoi, ça ?

FH : L'interview dans le *JDD.* Ça veut dire quoi, « Je suis prêt » ?

MV : Ça veut dire que si tu n'y vas pas, je laisserai pas Montebourg et Hamon foutre par terre tout ce que j'ai accompli depuis trois ans.

FH : Moi, je crois que ça veut plutôt dire : « François, pousse-toi de là que je m'y mette. »

MV : Si c'est comme ça que tu l'as pris…

FH : Tu veux que je te relise ? « Toute candidature doit intégrer le rapport avec les Français, avec la gauche, avec notre famille politique. Toute décision qui ferait fi de ces trois dimensions apparaîtrait comme bancale ou fragile. » C'est moi, le bancal ?

MV : Ouvre les yeux, bon sang ! Les Français ne veulent plus de toi. Tu n'es plus leur président, si tant est que tu l'aies jamais été… T'es pas bancal, t'es planté. Enterré. Fini.

FH : Et tu attends le dessert pour me dire ça ? On passe une heure et demie à parler de la Syrie, du chômage, de Fillon, et tu trouves pas une minute pour me dire que je suis cuit, que les Français me détestent et que je ferais mieux de raccrocher ?

MV : C'est plus compliqué que ça…

FH : Plus compliqué ? Moi je trouve ça très simple, au contraire. Monsieur le Premier ministre considère, en octobre, que je n'ai pas assez de « pudeur » quand je parle avec des journalistes dans un livre. Il décide, en novembre, que je ne suis plus apte à me représenter. Et en décembre, quand j'aurai renoncé, il se déclare candidat à la primaire. Dans l'ancien temps, on appelait ça une félonie. Aujourd'hui, on dirait plutôt un « coup de pute ».

MV : Tu voudrais quoi ? Que je dise que tu as bien fait de traiter les juges de « lâches » ? De raconter que tu croyais pas à la déchéance de nationalité quand on essayait de la faire passer ? Qu'une fille voilée ferait une belle Marianne ?

FH : J'ai pas dit ça !

MV : Peut-être, mais pas de chance, c'est ce que les Français ont compris. Le problème, c'est pas que tu veuilles ou non te représenter, c'est que tu ne PEUX PAS te représenter.

FH : C'est ce qu'on verra…

MV : Eh ben, je regarderai ça depuis Matignon et je rigolerai bien.

FH : Si tu y es encore, à Matignon…

MV : Pourquoi tu dis ça ?

FH : Pendant ma campagne, il faut que je sois sûr de mes arrières. Ma première décision comme président-candidat sera de te remplacer par un autre Premier ministre.

MV : Bernard ? Stéphane ?

FH : Non… Il me faut quelqu'un de plus proche…

MV : Ségolène ? Tu vas nommer Ségolène ?

FH : Ce serait une belle conclusion pour notre histoire…

(Un temps.)

MV : Tu sais que tu vas terminer cinquième, derrière Macron et Mélenchon…

FH : Faut bien faire une fin…

(Un temps.)

MV : Je te crois pas. Tu bluffes. Si tu te retires, tu pourras encore compter après. Jusqu'à l'élection, tout le monde va te respecter. Ensuite, comme tous les ex, tu redeviendras populaire. Tu seras écouté quand tu parleras. Si tu finis cinquième avec 10 % des voix, tu n'auras plus qu'à disparaître. Et puis, si je ne suis plus à Matignon, je pourrai parler, je pourrai raconter…

FH : Raconter quoi ?

MV : Comment tu as failli tout lâcher sur la loi Travail. Comment tu as toujours cru que Macron serait fidèle. Et puis la manière dont Cahuzac t'a roulé dans la farine…

FH : Tu ferais ça ?

MV : Plus rien à perdre…

FH : Et si je te garde à Matignon ?

MV : Je crois que tu n'as pas compris. Je veux être candidat, François. Même si la droite gagne, c'est le vainqueur de la primaire qui rebâtira ensuite le parti. Comme Jospin après 1995.

FH : Là, je suis d'accord.

MV : Si tu ne te représentes pas, je protégerai ton bilan. Et tu seras président d'honneur du PS après.

FH : Président quoi ?

MV : Président d'honneur. C'est un poste que je veux créer, une sorte de présidence à l'allemande pour arbitrer les litiges entre socialistes.

FH : Un mouroir, quoi…

MV : Pas du tout, avec même un rôle pour les relations avec les autres partis socialistes à travers le monde.

FH : Non seulement tu veux que je quitte l'Élysée, mais en plus tu veux que je quitte la France !

MV : Arrête ! C'est une sinécure, ce que je te propose. Aucun ennui, super-visibilité, grand prestige. Et un budget.

(Un temps.)

FH : Et président tout court ?

MV : De la République ? Tu l'es déjà… Enfin, il paraît.

FH : Non, si je renonce. Après. Président du parti. Pas président « d'honneur ». Au-dessus du premier secrétaire, au-dessus de tout le monde. Pour faire la synthèse, tout le temps, sur tous les dossiers…

MV : Pourquoi pas…

FH : À vie. Président à vie.

MV : Faut peut-être pas pousser non plus…

FH : Bon, alors pour dix ans. Pour la stabilité.

MV : D'accord… Mais impossible pour le président du parti de se présenter à la primaire…

FH : Ah bon ? Pourquoi ?

MV : Il doit être au-dessus de la mêlée, ne pas pouvoir rouler pour lui-même.

FH : En même temps, ce doit être un militant comme les autres, avec les mêmes droits.

MV : François, tu ne penses pas à 2022, quand même ?

FH : Et pourquoi pas ? J'aurai même pas soixante-huit ans. Plus jeune que Juppé aujourd'hui. Plus jeune que Mitterrand en 1988. Tiens, le même âge que de Gaulle en 1958.

MV : François…

FH : Je me retire, tu es candidat, tu fais de ton mieux, on rebâtit la gauche tous les deux pendant cinq ans et après, que le meilleur gagne. Loyal, non ? Et si tu me bats à la primaire pour 2022 et que tu deviens président, tu me prends comme Premier ministre !

MV : Il y a des moments où ton optimisme débonnaire me désespère…

FH : C'est parce que tu ne sais pas profiter de la vie, Manuel, tu ne sais pas ce qui est bon. Regarde ton dessert, il est tout fondu. Vous êtes pas drôles, les Catalans, vous êtes trop froids. *(Un temps.)* Tu veux un café ?

CHAPITRE 5

Le deuil en rose et vert
La fin singulière de la gauche plurielle, ou pourquoi Jean-Jacques Rousseau est mortifère

Entre François Hollande et les écologistes, il y a un malentendu économique, un désaccord démocratique et un hiatus philosophique. Le premier s'illustre avec Fessenheim ou l'écotaxe, le deuxième avec Notre-Dame-des-Landes ou Sivens, le troisième avec de nombreux dossiers étrangers à l'environnement, qu'il s'agisse de la gestation pour autrui, de la loi Travail ou des Roms ; et le tout fait un quinquennat de pataquès, de ruptures et de confusion.

François Hollande est un productiviste, il a foi en la croissance et pense que l'industrie en est un pilier irremplaçable. Au cœur de cette stratégie se tient en toute logique une politique d'autonomie énergétique et d'électricité bon marché, donc appuyée sur le nucléaire. La fermeture de la vieille centrale de Fessenheim, négociée en amont des échéances électorales de 2012 par Martine Aubry, devient un feuilleton comique du quinquennat. Dans les dispositions législatives, ce n'est pas la fermeture de Fessenheim qui est mentionnée, mais simplement l'arrêt de deux réacteurs – EDF s'en tient d'abord là, et attend qu'on lui désigne les victimes. D'un côté, l'indemnisation que l'État doit verser à l'électricien tourne au maquignonnage (jusqu'à 400 millions d'euros), le Comité central d'entreprise de Fessenheim, informé de la fin d'activité souhaitée, multiplie les embûches et les manœuvres dilatoires, jusqu'à obtenir de la justice un ultime délai pour ne se réunir qu'au début de l'année 2017, compliquant ainsi la fermeture technique prévue pour la fin de 2018. Le calcul des syndicats, des patrons – et de l'Élysée… – est limpide : la majorité va changer au printemps de 2017 et la centrale de Fessenheim ne fermera pas de sitôt.

Avec l'écotaxe, ce ne sont pas deux visions de l'économie qui s'opposent, mais une conception idéologique et une approche pragmatique de la politique. L'idéologie est du côté des Verts, attachés à cette usine à gaz fiscale dont les portiques hideux parsèment les routes, pour « flasher » les véhicules polluants et permettre à une centrale informatique de taxer les transporteurs. Le pragmatisme est chez François Hollande, d'abord, qui suspend l'écotaxe en novembre 2013, afin de calmer le mouvement de colère breton dit des « bonnets rouges », et surtout afin d'éviter sa coagulation avec d'autres mouvements sociaux. Il est ensuite chez Ségolène Royal, qui, dès son arrivée au ministère de l'Environnement, en avril 2014, affiche son scepticisme, puis enterre la mesure à l'automne suivant. Du côté des écologistes, basculer la fiscalité sur le principe du « pollueur-payeur » vaut qu'on affronte un mouvement social et fasse donner la troupe, si nécessaire, pour arrêter les destructeurs de portiques. Du côté de Hollande et de la plupart des socialistes, il faut éviter une jacquerie générale paralysant le pays, une jonction entre les entrepreneurs en colère du mouvement des « pigeons », né à l'automne 2012 contre le choc fiscal, et les camionneurs et agriculteurs adeptes des « bonnets rouges ». Il faut aussi limiter la casse avant des élections municipales prévues quatre mois plus tard, qui s'annoncent déjà fort mal.

* * *

Avec le dossier de l'aéroport de Notre-Dame-des-Landes comme avec celui du barrage de Sivens, les mêmes désaccords économiques sont présents. Des pistes d'atterrissage supplémentaires sont-elles ou non nécessaires pour desservir Nantes et tout l'Ouest français ? Une retenue d'eau massive est-elle indispensable pour aider l'agriculture du bassin Adour-Garonne à l'horizon du réchauffement climatique ? Mais ces deux dossiers illustrent plus profondément une querelle démocratique à deux niveaux entre les écologistes et le pouvoir exécutif, qui remet en question la représentativité électorale et l'autorité publique. Dans le Tarn comme en Loire-Atlantique, des élus locaux, dûment désignés, ont délibéré selon les formes et leurs décisions ont été l'objet de recours jugés comme il se doit : les équipements prévus sont donc juridiquement et politiquement très légitimes, et les années de lutte des militants écologistes locaux n'y peuvent mais. Cependant, l'occupation des chantiers prévus, plus ou moins pacifique et complètement illégale, par les opposants radicaux empêche les travaux. C'est la naissance du concept de la ZAD, la « zone à défendre », où la légitimité du fait accompli s'oppose à celle du fait délibéré, où l'activisme idéologique bloque la démocratie représentative. Les adversaires du barrage ou de l'aéroport ont pour eux les combats historiques de Plogoff et du Larzac, quand la mobilisation militante empêcha l'édification d'une centrale nucléaire et l'extension d'un terrain militaire. Les partisans de ces équipements ont comme atouts le soutien massif des populations, la lutte pour la création d'emplois ou le maintien des activités économiques. Idéalisme contre réalisme, société frugale contre recherche de la croissance, nature contre travail : voilà vraiment des gauches irréconciliables.

À Notre-Dame-des-Landes, la crise démocratique va plus loin : un référendum local, tenu le dimanche 26 juin 2016, adopte le projet d'aéroport avec plus de 55 % des voix. La souveraineté du suffrage universel direct devrait balayer toutes les oppositions, mais il n'en est rien, car se dresse aussi devant la démocratie du vote celle de l'administration : les anti-aéroport savent que l'expiration de la déclaration d'utilité publique, après celle des expropriations qu'elle a permises, est imminente, et entraînera de facto l'abandon du projet. Le chantier devient d'ailleurs presque impossible, car il s'agit de ne pas vider les mares pendant la période de reproduction des amphibiens, ni de maltraiter les arbres à certaines périodes de croissance, ni d'ignorer le campagnol amphibie présent sur la zone… L'alliance des directives européennes, des normes environnementales et des recours associatifs tisse un filet qui étouffe lentement Jean-Marc Ayrault et les autres défenseurs de l'aéroport de Notre-Dame-des-Landes. Rien n'est au-dessus du peuple, si ce n'est le fonctionnaire : telle est la France du XXIe siècle…

François Hollande résume d'un mot l'équation insoluble où il se trouve : « Le plus probable, c'est que ce projet ne sera pas annulé, mais ne verra pas le jour [1] ! » Peut-on mieux résumer l'impuissance pathétique d'un président qui ne sait pas ce qu'il veut parce qu'il ne veut rien ?

Derrière la controverse de Notre-Dame-des-Landes se cachent enfin deux lectures différentes du principe de précaution. Pour les écologistes, mais aussi pour l'Union européenne, qui a demandé des études complémentaires sur les équipements qui accompagneraient le futur aéroport, il doit prendre en compte tous les impacts sur l'environnement. Pour les socialistes, il oblige seulement

1. *Un président ne devrait pas dire ça…*, *op. cit.*, p. 261.

les pouvoirs publics à mettre en branle tous les moyens de recherche possibles pour que des dommages irréversibles ne puissent être commis par ignorance, comme le recommande la Charte de l'environnement adossée à la Constitution. Cette divergence est fondamentale : socialistes et écologistes avaient une différence d'approche intellectuelle du principe de précaution ; soudain, leur opposition confronte deux humanismes distincts. Les Verts restent rousseauistes, ils pensent que la société corrompt l'être et que le progrès l'entraîne vers le gouffre, comme l'affirme le philosophe dans le *Discours sur l'origine et le fondement de l'inégalité parmi les hommes.* Les socialistes demeurent positivistes, et croient que l'état de nature n'est ni un paradis perdu ni un projet social. C'est irrémédiable.

* * *

Mais les situations de terrain, de Notre-Dame-des-Landes à Sivens, posent également le problème de l'autorité de l'État. À Sivens, dans la nuit du 25 au 26 octobre 2014, Rémi Fraisse est tué par une grenade offensive lancée par les gendarmes. Quelles que soient les circonstances de cette mort, dans un climat de grande violence nocturne entre forces de l'ordre et manifestants, quels que soient les hasards malheureux de l'explosion, une seule vérité politique demeure : sous un gouvernement de gauche, un jeune homme de vingt et un ans est mort parce qu'il pensait qu'un barrage en zone rurale était inutile. Pis : le ministère de l'Intérieur peine à reconnaître la tragédie, coincé entre une remontée laborieuse des faits et la volonté de Bernard Cazeneuve, alors ministre de l'Intérieur, d'incarner avant tout l'autorité. Pour les écologistes, Fraisse est un martyr ; pour Hollande, il est un problème de conscience. Au père de la victime, conseiller municipal socialiste, le président promet la vérité ; à la mère, il ne peut parler, car elle refuse de le prendre au téléphone, préférant lui envoyer une lettre qui exige, elle aussi, la vérité. Quelle vérité peut formuler François Hollande, si ce n'est l'usage de la force face à la force ? « Il y a un moment où il faut quand même montrer, ne serait-ce que pour les riverains, qu'il y a un respect de la loi [1] », dit-il plus tard.

À Notre-Dame-des-Landes, l'approche est différente, marquée par le drame de Sivens. Quelques semaines avant de quitter Matignon, Manuel Valls rappelle que l'évacuation de la ZAD doit intervenir avant la fin de l'année 2016, mais son successeur, Bernard Cazeneuve, bien que ministre de l'Intérieur sortant, ne l'entend pas ainsi. Au début de décembre 2016, prétextant un contentieux juridique européen en cours, il annonce que les forces de l'ordre n'entreront pas en action. L'approche des élections n'est pas la seule raison : Cazeneuve ne veut pas d'un mort supplémentaire dans une ZAD. Résultat : le prochain pouvoir exécutif aura beau

1. *Ibid*, p. 259.

jeu de constater l'extinction des procédures d'utilité publique et d'abandonner l'aéroport prévu. Les écologistes ont terrassé les forces de l'ordre parce que, depuis la mort de Malik Oussekine en décembre 1986, lors des manifestations anti-Devaquet et des acrobaties motocyclistes des policiers « voltigeurs », elles n'ont plus le droit d'avoir du sang, même accidentel, sur les mains.

Sivens, Notre-Dame-des-Landes : les socialistes ont gagné contre les écologistes la bataille du droit ; les écologistes ont gagné contre les socialistes la bataille de l'émotion. La seconde, au temps de la dictature médiatique, est plus décisive que la première.

* * *

D'autres dossiers montrent à quel point s'éloignent socialisme et écologisme. La loi sur la famille, au-delà du mariage pour tous adopté en 2013, est reportée sine die au début de 2014. La gestation pour autrui et la procréation médicalement assistée pour les couples de femmes n'entreront pas, sous le quinquennat Hollande, dans le droit français. L'échec est cuisant, c'est un recul en rase cité devant les défilés de la Manif pour tous. À l'automne de 2013, la polémique sur les Roms, avec l'affaire Leonarda en point d'orgue, montre aussi l'importance du hiatus entre Verts et roses. Enfin, la loi Travail, au début de 2016, consacre le divorce de ce qui était, quatre ans plus tôt, une majorité présidentielle.

Sur les dossiers environnementaux, Hollande et les Verts ne sont pas d'accord sur grand-chose ; sur les autres dossiers, ils ne sont d'accord sur rien.

La fracture est importante. Sous le « quinquennat » de Lionel Jospin, fût-il vécu à Matignon, l'écologie politique était circonscrite à l'environnement, dont Dominique Voynet était la vestale. Les escapades autorisées, comme l'Économie solidaire, demeuraient symboliques, voire expérimentales. Durant le mandat de François Hollande, il n'en est rien. Cécile Duflot, la patronne en titre des Verts en 2012, hérite du dossier du Logement, crucial pour la vie quotidienne des Français et décisif pour le redémarrage de la croissance. Résultat, de l'avis quasi unanime : elle est le pire ministre du Logement des dernières décennies. La responsabilité ne lui en revient pas complètement, car elle s'est tenue à l'objectif idéologique majeur des Verts, la régulation et la modération des loyers, sans se soucier vraiment de la reprise dans le secteur du bâtiment ; la vraie faute est celle de François Hollande, qui a donné aux Verts trop de place pour leur poids politique, trop d'importance pour leur compétence technique.

* * *

La faiblesse du président face à ses « alliés » écologistes est consommée au tout début d'avril 2014, quand il accepte de grandes concessions pour les garder au pouvoir. Quand François Hollande décide de nommer Manuel Valls à Matignon, il sait que les Verts, Cécile Duflot en tête, vont en profiter pour quitter le gouvernement avec pertes et fracas. C'est pourquoi il somme son nouveau Premier ministre de leur confier des tâches importantes : trois ministères, dont un grand portefeuille de l'Écologie, des Transports et de l'Énergie. L'offre est irrésistible et le refus des Verts éloquent : Cécile Duflot ne pense plus qu'à sa candidature à la présidentielle de 2017 et choisit de sacrifier une possible utilité au service des Français à son ambition personnelle.

De son côté, Hollande ne fait pas autre chose, lui non plus, que de la politique politicienne. En poussant les Verts de Duflot à quitter l'exécutif, il sait qu'il les affaiblit dans l'opinion, car leur jeu égoïste est aussi visible que leur médiocrité ministérielle. Deux ans plus tard, il fait entrer au gouvernement des écologistes sécessionnistes, dont le turbulent Jean-Vincent Placé et la docile Barbara Pompili, achevant l'explosion de la famille verte. Sous Hollande, en fait, l'écologie politique trépasse, émiettée et décrédibilisée. L'action ministérielle des Verts est mauvaise, leurs agissements politiques sont pathétiques. Ceux qui ont travaillé au gouvernement de 2012 à 2014 ont mal travaillé, ceux qui y sont entrés en février 2016 n'ont pas existé. Dans la gauche plurielle de 1997, les Verts incarnent le futur ; dans l'accord majoritaire de 2012, ils jouent l'imparfait du subjectif.

* * *

Au bout du quinquennat, le bilan est effroyable : Cécile Duflot est balayée dans la primaire, pourtant microcosmique, organisée par son parti ; Yannick Jadot, le candidat désigné, n'est pas certain de collecter les 500 signatures nécessaires pour être vraiment en lice lors de la présidentielle ; deux écologistes historiques, Jean-Luc Bennahmias et François de Rugy, s'alignent dans la primaire… du PS ; Hollande n'est pas capable de se représenter ; personne ne croit que Jean-Vincent Placé sera une nouvelle fois ministre, et presque tout le monde doute qu'il l'ait été ; les Verts n'auront aucun député dans la prochaine Assemblée si les socialistes ne les soutiennent pas.

François Hollande face aux Verts, c'est une victoire à la Pyrrhus.

Est-ce la faute du président ? Il hérite à la fin de 2011 de l'accord passé par le parti de Martine Aubry avec le parti de Cécile Duflot, il tente d'organiser un simulacre d'alliance au pouvoir, il essaye d'entretenir une illusion d'accord idéologique. Il manipule les tendances centrifuges des Verts plus qu'il ne détruit leur corpus politique. Il recule devant les ultras de l'écologie sur le terrain sans en être récompensé dans l'opinion. Il progresse par ruse, parce qu'il n'a pas les moyens d'agir par force.

Au centre de son bilan, jusqu'à son allocution de renoncement à un second mandat, le 1er décembre 2016, le président de la République place néanmoins l'accord de Paris, qui consacre le succès de la COP 21, le 12 décembre 2015. Peu importe que l'élection de Donald Trump à la présidence des États-Unis d'Amérique, moins d'un an plus tard, menace ce traité de caducité : la France a tenu son rang et participé sans nul doute au sauvetage de la planète, donc de l'humanité. Le chef de l'État en sera-t-il gratifié dans les mémoires, ou bien les historiens considéreront-ils que les esprits étaient mûrs et les grandes nations d'accord, la France n'ayant été que le cuisinier d'une recette rédigée d'avance ? Il n'est pas impossible que François Hollande demeure comme le plus écologiste des présidents de la Ve République, alors qu'il aura accumulé les conflits avec les Verts…

Car c'est là l'un des traits dominants de son quinquennat : l'écologie n'a presque plus rien à voir avec les écologistes…

En effet, si la gauche plurielle est morte depuis 2012, c'est d'abord parce que l'écologie politique a perdu le sens du peuple. Idéologues de la décroissance, apôtres de la frugalité, adeptes du droit de la planète contre le progrès de l'humanité, les « écolos » sont devenus haïssables aux yeux de nombreux citoyens, dont de véritables défenseurs de la nature, qui ne supportent pas l'engagement des Verts pour les Roms ou les migrants, contre l'Otan ou l'Union européenne. En subordonnant les causes environnementales à d'autres dossiers plus idéologiques, les écologistes ont cru mûrir, ils n'ont pas compris qu'ils allaient mourir. Aujourd'hui, la lutte contre le réchauffement climatique évoque plus la COP 21 de Ségolène Royal, la détermination sacerdotale de Nicolas Hulot ou l'obstination sympathique de Nathalie Kosciusko-Morizet que le carriérisme obscurantiste et gauchiste des Verts.

Si l'on assiste à la fin de la gauche « socialo-écolo », c'est parce que l'écologie politique est morte la première. L'alliance rose-vert a volé en éclats, le rose va mal et le vert est éteint.

PORTRAIT 3

Ségolène Royal : sainte Thérèse ou Folle de Chaillot ?

Boulevard Saint-Germain, devant le ministère de l'Environnement, c'est la jungle : des plantes en pots, folles et majestueuses, ont remplacé les voitures. Boulevard Saint-Germain, à l'intérieur du ministère de l'Environnement : une plante sans pot, sauvage et carnivore, déploie ses lianes. Ségolène Royal.

Ségolène Royal, c'est d'abord le grand remords du quinquennat – tous les remords, ou presque, de la gauche.

Celui de ses larmes au soir du premier tour de la primaire, en octobre 2011, après une élimination-humiliation, avec 7 % des suffrages seulement. Ségolène Royal ne mérite pas ça.

Celui de la campagne présidentielle, qui ne met pas assez en valeur la candidate de 2007, propre à parler à ceux qui, à gauche, aiment l'ordre, à condition qu'il soit juste – la nouvelle compagne du candidat Hollande, Valérie Trierweiler, ne supporte pas « l'ex », et une mince apparition dans un meeting nécessite diplomatie et négociations. Ségolène Royal ne mérite pas ça.

Celui des législatives de juin 2012, quand Royal est battue à La Rochelle, alors qu'elle a laissé son fief niortais à Delphine Batho – le tweet de soutien de Valérie Trierweiler à Olivier Falorni, tombeur de Ségolène, est la première crise politico-domestique du quinquennat, qui en verra d'autres. Ségolène Royal ne mérite pas ça.

Celui de son absence au gouvernement, alors que tant de figures y sont falotes, notamment du côté féminin, et que l'amateurisme fait des ravages dans un exécutif dont les deux têtes, Hollande et Ayrault, n'ont jamais été ministres, et où Laurent Fabius incarne seul l'expérience du pouvoir. Ségolène Royal ne mérite pas ça.

La revanche de Ségolène Royal est réelle, mais elle n'est pas totale. Le 2 avril 2014, elle devient ministre et retrouve le ministère de l'Environnement, où elle fit ses débuts vingt-deux ans plus tôt. Elle négocie âprement, parcourant le monde, la COP 21, cette conférence sur le climat qui restera comme l'un des rares succès du quinquennat Hollande. Telle sainte Thérèse, elle prône non l'écologie des grands moulinets dogmatiques et des impitoyables châtiments anticonsuméristes, mais celle de la « petite voie », comme la jeune carmélite de Lisieux prêchait le salut. Par des changements de comportement individuels, chacun peut contribuer à sauver la planète. Elle ne veut pas de l'écologie punitive, mais cultive celle du bon sens. Son premier fait d'armes est d'enterrer l'écotaxe et ses portiques éteints : le mouvement des « bonnets rouges » est du feu sous la cendre et les citoyens ne veulent plus être taxés pour alimenter une usine à gaz aux opérateurs mystérieux. Elle vole plus tard au secours des Franciliens qui pratiquent l'esthétique du feu de cheminée, contre un préfet trop drastique.

* * *

Chez Ségolène Royal, l'écologie passe toujours après l'habileté. Pour négocier la fermeture de la centrale de Fessenheim, elle se tient à égale distance des écologistes antinucléaires et de la direction d'EDF. En obligeant l'industriel à fermer un nombre de tranches et non une centrale précise, elle lui laisse une marge de manœuvre ; en jouant sur le calendrier, elle permet au pouvoir qui arrivera aux commandes en mai 2017 de revenir sur cette décision et de prolonger la vie du parc atomique. De même, elle profite de ce projet de fermeture pour négocier avec Elon Musk le développement de sa voiture électrique en France : pour qu'il puisse installer des bornes de rechargement tout au long des autoroutes de l'Hexagone, il doit obtenir les faveurs du gouvernement. Ségolène Royal lui suggère fortement d'installer une usine automobile à Fessenheim… Vain marchandage, sans doute, mais culot remarquable !

Chez Ségolène Royal, l'habileté passe souvent après la fermeté. Son cabinet supporte dans une vigilance effarouchée et une attention dévote le caractère vertical de la ministre, main de fer dans un gant d'acier. Ses collègues du gouvernement redoutent ses empiétements sur leur domaine, ses annonces sans concertation et ses commentaires abrupts. Elle a la liberté de ceux qui n'ont plus rien à perdre et plus grand-chose à conquérir. Un matin de novembre 2016, Manuel Valls se permet d'envoyer par motard un pli péremptoire rappelant sa décision de Premier ministre en faveur de la production d'alumine à Gardanne. L'usine en question rejette des « boues rouges », résidus de bauxite versés dans la mer – une pratique qui devait cesser le 1er janvier 2016, mais a perduré après filtrage des pollutions et arrêté préfectoral. Ségolène Royal déplore publiquement cette prolongation, elle manifeste son désaccord et son impuissance, excitant l'autoritarisme du Premier ministre. L'arbitrage de Valls en faveur de l'emploi plutôt que des fonds marins met hors d'elle la ministre de l'Environnement : sur le fond comme sur la forme, elle voit rouge, par-delà la couleur de la boue. Elle tolère l'autorité, elle n'accepte pas la tutelle. Au passage, elle s'affiche comme une écolo militante, une sorte de « zadiste des calanques » prête à persécuter les pollueurs comme la Folle de Chaillot de Jean Giraudoux précipite les hommes d'affaires cupides dans les égouts de sa colline.

Protégée par son statut d'ancienne candidate à la présidentielle, lestée de 16 790 440 voix, nimbée par l'indulgence affectueuse du président de la République, la ministre de l'Environnement est à part, forte d'une immunité politique particulière. C'est cela que Manuel Valls conteste avec l'affaire des boues rouges, affirmant sa suprématie. Pour une seule raison : dissuader Ségolène Royal d'être candidate à la présidentielle de 2017 si François Hollande renonce à se présenter.

* * *

Chez Ségolène Royal, la fermeté passe rarement après la sagesse. Pourtant, à l'approche de l'échéance élyséenne, elle est doublement sage : d'abord, elle recommande au président sortant de ne pas solliciter un second mandat ; ensuite, elle renonce à sa propre candidature. « C'est extrêmement violent, vous savez, ce genre d'expérience, confie-t-elle. J'ai connu cela deux fois : ça suffit, non ? » Pourtant, en l'absence de François Hollande, elle pourrait incarner l'expérience, la responsabilité, l'ordre sans la brutalité ; face à elle, représentante de la majorité hollandaise, Manuel Valls serait plus déstabilisé que face à Vincent Peillon…

Chez Ségolène Royal, la sagesse ne résiste pas longtemps devant l'ambition. Depuis le succès de la COP 21, en décembre 2015, elle nourrit des envies internationales, vise des postes aux Nations unies. Dans cette ultime campagne, c'est aux pays et non aux individus qu'il faut plaire : dépêchée aux obsèques de Fidel Castro, la voici qui enjolive le bilan du dictateur et reprend à son compte les arguments du pouvoir pour absoudre l'oppression et nier les prisonniers politiques. À Paris, dans les rédactions, on s'étonne, on s'offusque, on s'étouffe.

Mais qu'en est-il au Mozambique, en Angola, au Venezuela, en Bolivie ? Dans sa tête, Ségolène Royal est déjà ailleurs…

Chez Ségolène Royal, l'ambition n'empêche pas la vengeance. Si elle va au bout de la tentation qui affleure ses lèvres, elle soutiendra activement Emmanuel Macron à la présidentielle. Ainsi retrouvera-t-elle la Ségolène de novembre 2005, qui bouda le congrès du Mans et avança hors du parti. Ainsi retrouvera-t-elle la Ségolène de 2007, qui tint la ligne de l'ordre juste et de la démocratie participative, loin des carrières classiques. Ainsi retrouvera-t-elle la Ségolène de 1995, tentée d'être candidate, celle de 2004, présidente de région qui pense présidence de la République, celle de 2011, qui ne veut pas laisser passer une présidentielle… D'un petit prince, faire un roi : ce serait une immense revanche pour celle qu'on traita, à gauche, d'intrigante, d'usurpatrice, de morganatique ; pour celle qui fut régente plus souvent qu'on ne le dit, à défaut d'être reine ; pour celle qui fut toujours, du port de tête impeccable à la dignité dans l'affront, royale…

Chapitre 6

Entrez dans la Fronde
La fin de la gauche étatiste, ou pourquoi John Maynard Keynes est incinéré

Leur acte de naissance date de l'automne 2012, quand ils refusent de voter le pacte budgétaire européen, finalement signé après amendements par François Hollande, alors qu'il l'avait tant critiqué durant sa campagne présidentielle. Mais le véritable envol des frondeurs advient en juin 2014, avec l'« appel des 100 », qui devient vite un courant du PS et un sous-groupe parlementaire à l'Assemblée nationale. Leur but politique est alors clair : s'opposer à la dérive sociale-libérale du gouvernement de Manuel Valls, trop favorable, selon eux, aux entreprises et sans efficacité prouvée en matière d'emploi. Les frondeurs vont jusqu'au bout de leur démarche en tentant de déposer deux motions de censure contre un gouvernement nommé par le président qu'ils ont soutenu, et auquel la plupart d'entre eux doivent leur élection comme députés. Cette insurrection rémanente, si elle n'a jamais pu espérer sérieusement la chute de Valls, constitue néanmoins une première sous la Ve République. Elle est le symptôme de trois crises qui frappent la gauche : un effondrement de la solidarité parlementaire, un schisme de philosophie économique et un épuisement du fonctionnement partisan.

* * *

La gauche socialiste a le Parlement dans son ADN, depuis que Jean Jaurès fit de l'activisme d'assemblée un pilier du combat politique, plus important que les luttes syndicales et, a fortiori, que les actions illégales anarchistes. La crise qui traverse le groupe PS tout au long du quinquennat Hollande, marquée par l'indiscipline des frondeurs autant que par l'autoritarisme de son président, Bruno Le Roux, est donc une décadence majeure du socialisme parlementaire. Le débat, par tradition et par prudence politique, a lieu lors de la réunion du groupe, mais pas dans l'hémicycle, où la position adoptée collectivement est défendue à l'unanimité face à l'opposition. Ce processus ne souffre que de rares exceptions, où le vote personnel « en conscience » est autorisé : entrées en guerre, lois éthiques, etc. Que les frondeurs arrivent à constituer un groupe dans le groupe et à cultiver un irrédentisme politique est un premier phénomène inédit ; que ni la présidence du groupe, ni la direction du parti, ni le Premier ministre, ni le président n'aient pu les faire rentrer dans le rang en est un second.

Le quinquennat est un pousse-au-crime : les députés ne reviennent pas devant les électeurs en cours de mandat présidentiel et n'ont donc pas d'intérêt majeur au succès du gouvernement ; vice versa, le Premier ministre ne peut menacer les récalcitrants d'un retrait d'investiture aux prochaines législatives, puisqu'elles seront précédées d'une présidentielle, pendant laquelle le candidat aura besoin du soutien local des parlementaires et qui verra quoi qu'il advienne un nouveau locataire s'installer à Matignon. À cause du calendrier électoral, le chef du gouvernement n'est donc plus celui de la majorité. Celle-ci ne reconnaît que la légitimité du président, qui ne vient jamais, du fait de la séparation des pouvoirs, à l'Assemblée. C'est pourquoi le président de la République est obligé de recevoir des parlementaires à l'Élysée afin de passer des consignes, de raviver la flamme de ces fantassins ou de rappeler la ligne du quinquennat. Comme Nicolas Sarkozy, François Hollande l'a fait, malgré l'engagement solennel prononcé lors de sa fameuse anaphore du débat de l'entre-deux-tours.

Mais avec les frondeurs, il est une raison plus profonde à l'échec de toute reprise en main autoritaire : si le socialisme parlementaire n'est plus opérationnel, c'est parce que le socialisme tout court n'est plus défini. Cette crise idéologique installe deux grilles de lecture distinctes sur l'ensemble de l'action publique. Ce n'est pas un hasard si la fronde porte aussi sur des textes devant régir le numérique ou l'état d'urgence. C'est aussi cette contradiction « génétique » qui explique le départ du groupe de quelques députés et l'annonce par d'autres qu'ils ne brigueront pas de nouvelle investiture en 2017. Être socialiste ne veut plus rien dire, être parlementaire ne sert plus à rien pour faire avancer ses idées – autant, donc, renoncer à être parlementaire socialiste.

Les frondeurs ne sont pas des kamikazes, ils ne se suicident pas pour leurs convictions : ils sont issus d'un socialisme déjà mort et d'un parlementarisme en coma profond. Ils ne sont pas des serpents, ils sont des asticots.

* * *

Dans cette implosion du socialisme, où la laïcité, la relation à l'Europe, l'école, la décentralisation et les grands choix diplomatiques sont, entre autres, des molécules fracturées, l'économie concentre les désaccords les plus virulents. Le quinquennat commence par une politique de la demande à peine maquillée, appuyée sur une ponction fiscale violente, promesse d'une redistribution massive, mais les contribuables se dérobent, la richesse fuit à l'étranger et trop d'impôt tue l'impôt, tandis que la dépense publique en saupoudre les maigres dividendes sans relancer la consommation. Le mandat continue avec un tête-à-queue brutal et une politique de l'offre qui vise à restaurer la compétitivité des entreprises. Trop peu, trop tard, trop laborieux, sans compter que nombre de patrons rétablissent leurs marges avant d'investir et pensent au profit avant de songer à l'emploi. Cette politique franco-blairiste balbutie quelques résultats vers la fin du mandat, sans que l'on puisse dire s'ils sont le socle d'une nouvelle prospérité ou un sursaut cher payé avant que l'industrie ne replonge dans le marasme.

La bataille entre une politique de l'offre et une politique de la demande s'est poursuivie jusqu'à la conclusion de la primaire de la gauche, dont elle a été un enjeu puissant, un filigrane déchiré. Mais le choc principal de cette « guerre des Deux-Roses » est la loi Travail, dite loi El Khomri, au printemps de 2016. Il ne faut pas, ici, se tromper d'interprétation. Il ne s'agit pas de la prolongation de l'affrontement, encore chaud, sur la déchéance de nationalité. Que les frondeurs aient voulu faire payer à François Hollande, sur le texte programmé juste après, la cassure idéologique profonde de l'hiver, est une idée fausse. De même, la loi El Khomri n'est pas le match retour de la loi Macron, débattue lors des premières semaines de 2015, dans une France traumatisée par les attentats, où aucun mouvement social ne pouvait dignement déborder dans la rue. Emmanuel Macron a failli prendre à son compte cette seconde grande loi de libération de l'économie, mais il en est dessaisi dans les premiers jours de 2016, moitié parce que Manuel Valls veut l'affaiblir (il est aussi rétrogradé quelque peu dans un mini-remaniement), moitié parce que l'exécutif souhaite une loi plus sociale qu'économique, plus « travail » qu'« entreprise », plus Grenelle que Bercy.

Cette manœuvre ne dupe personne : il s'agit bien d'un texte de réorientation économique, qui déplace le curseur du socialisme de plusieurs crans vers le libéralisme. Pour Manuel Valls, mais aussi pour François Hollande, ce « choc juridique » est la dernière chance du quinquennat pour réveiller les entrepreneurs, que le CICE (Crédit d'impôt pour la compétitivité et l'emploi) et le Pacte de responsabilité, malgré leurs assouplissements fiscaux, n'ont pas sortis de leur torpeur, et les convaincre d'investir, et surtout d'embaucher. Hollande préfère l'inversion de la courbe du chômage à celle de sa popularité à gauche, il sacrifie l'unité de sa majorité présidentielle au redémarrage de l'économie. Il est un peu comme un pilote qui ferait sauter son moteur pour obtenir une poussée décisive à l'approche de la fin de la course.

À Matignon, le Premier ministre entend glisser un autre enjeu dans celui-ci. S'il veut sincèrement casser la spirale du chômage, embarqué comme le président dans le pari de « l'inversion », il compte aussi profiter de ce débat fondamental pour tordre le cou au vieux socialisme et imposer une ligne économique nouvelle, avec un effet de cliquet : si la loi passe dans son intégralité et dans son intégrité, il aura imposé au PS une sorte de « grand bond en avant » social-libéral, inscrivant la politique de l'offre et le réformisme pro-entreprises au cœur de la pensée du parti. « J'aime l'entreprise », a lancé Valls, en août 2014, devant le Medef réuni en université d'été. Mais en amour, seules comptent les preuves : la loi El Khomri est la preuve. Manuel Valls sait qu'en faisant passer cette réforme du Code du travail, en inventant la « flexisécurité » à la française, il répand les cendres de John Maynard Keynes dans le cimetière des illusions socialistes. Il pourra toujours y avoir de la relance dans une politique de gauche – et son propre programme lors de la primaire l'a illustré, il n'y aura plus de gauche accrochée à une politique de la relance. La social-démocratie, alors, aura été réinventée en France par Manuel Valls comme elle le fut en Grande-Bretagne, vingt ans plus tôt, par Tony Blair. La gauche s'est déjà convertie depuis longtemps aux aides à l'investissement, au partenariat public-privé ou à la baisse des charges. À partir du « tournant » de 1983, elle n'agit plus contre l'entreprise. Mais le droit du travail, du plafonnement des indemnités prud'homales à l'inversion des normes (l'accord d'entreprise prédominant sur l'accord de branche), demeure la dernière forteresse à prendre. Les protections excessives du salarié garanties en France nuisent à la compétitivité des sociétés, donc à l'emploi. Faire tomber cet ultime réduit de gauche archaïque, c'est prouver que le changement de politique opéré en 1983 n'était pas une « parenthèse », selon le mot de Lionel Jospin, mais un alinéa – mieux : une page tournée…

Le débat législatif du printemps 2016 cache donc un autre affrontement, une sorte de congrès extraordinaire du PS, remplaçant celui de Poitiers, englué d'hypocrisie et d'arrangements quelques mois plus tôt, en juin 2015. La première gauche (version révisée « frondeurs », c'est-à-dire plus juridique) entend faire trébucher la deuxième gauche (version révisée Valls, c'est-à-dire plus brutale). Preuve de la violence des échanges : le Premier ministre agite d'entrée l'arme du 49.3, sur le thème « Je prendrai mes responsabilités » ; les frondeurs enclenchent l'arme atomique, la motion de censure, mais il leur manque deux voix pour la déposer, et elle se désamorce d'elle-même. Cette démesure des agissements, qui signe la crise du régime, est anormale : la virulence que l'on trouve dans les plus serrés des congrès socialistes, comme à Metz en 1979 ou à Rennes en 1990, où les délégués en viennent parfois aux mains, est soudain importée dans l'espace plus policé de l'Assemblée, où les échauffourées au sein d'un même camp sont rarissimes.

Manuel Valls et François Hollande ne suivent pas ici la même tactique. Le président pense à la France, dont il ne veut pas quitter la tête en mai 2017 – car il croit en la victoire ; le Premier ministre pense au parti, dont il veut prendre la tête en mai 2017 – car il croit en la défaite.

Hollande, si aveugle lors de l'affaire de la déchéance de nationalité, est ici d'une grande lucidité. « Lui [Valls] pense que le débat est entre les deux gauches. Je pense pour ma part que le débat est avec le pays, il n'est pas avec la gauche. Le débat aurait dû être mené dans le pays. Convaincre les

Français qui sont disponibles et prêts à comprendre l'intérêt de la réforme. Mais il n'y a pas eu de communication à l'égard des Français, il y a eu une communication d'une partie de la gauche contre une autre partie de la gauche. Pour résumer, Manuel Valls contre Martine Aubry [1]. » Ainsi parle le chef de l'État le 11 mars 2016. CQFD ! C'est exactement ce qui se passe : Martine Aubry a pris la tête des signataires de l'explosive tribune publiée dans *Le Monde* du 24 février et s'inquiète d'un « affaiblissement durable » de la France. Si deux années de gouvernement Valls sont étrillées, c'est bien la réforme du Code du travail qui est le mobile du crime, la cible des flèches. Le Premier ministre brûle ses vaisseaux : que le président l'oblige à retirer la loi et il lui donne sa démission puis se lance vers la présidentielle – la prochaine si Hollande ne se représente pas, la suivante dans le cas contraire ; si le texte est voté sans dommages, le voilà pape du néosocialisme, auteur d'une mutation génétique que personne, de Mendès France à Strauss-Kahn en passant par Delors et Rocard, n'a réussie.

Manuel Valls abuse de sa position et outrepasse sa mission. Par-delà même l'emprise idéologique sur le parti, c'est bien la mainmise sur la présidentielle qu'il veut s'assurer. Rejouer le précédent congrès n'est pas le seul but de ce bras de fer : il

1. *Conversations privées avec le président*, *op. cit.*, p. 169.

veut aussi lancer la primaire, c'est-à-dire la présidentialisation des choix majeurs. Or il partage, quoi qu'il en dise, cet objectif avec les frondeurs : imposer à François Hollande une primaire que les statuts du PS prévoient mais que la Ve République réprouve pour un président sortant. Le président se rend compte très tôt de cette manœuvre d'encerclement. « Imaginons que je ne sois pas candidat. Il y a alors une primaire et ces deux lignes à gauche qui s'affrontent [1] », ajoute-t-il le 11 mars. Voilà le triple but de Manuel Valls : compliquer le sort de François Hollande en ajoutant de la crise à la crise, la loi Travail à la déchéance, pour le délégitimer auprès des électeurs de gauche ; faire avancer le socialisme réformiste proentreprise ; verrouiller une primaire qui viendra trancher le débat avorté au congrès de Poitiers, lancé dans l'hémicycle et transporté dans la rue.

La loi Travail n'est pas seulement la « guerre des Deux-Roses », la guerre des deux gauches, elle est aussi un putsch de Manuel Valls contre François Hollande.

Pour l'essentiel des observateurs, c'est à la sortie du livre de Gérard Davet et Fabrice Lhomme, *Un président ne devrait pas dire ça…*, en octobre, que Manuel Valls lâche le président. Mais il ne s'agit là que du coup de grâce, achevant un long travail de

1. *Ibid*, p. 169.

sape dont le chantier El Khomri est un moment décisif.

Le risque pour Valls est de remporter une victoire à la Pyrrhus, où il est aussi épuisé que ses adversaires défaits. « À l'issue du combat, comment faites-vous pour passer le premier tour à la présidentielle s'il n'y a pas de réconciliation ? interroge Hollande. Aubry et Valls ne peuvent pas s'exclure l'un l'autre et refuser de gouverner ensemble. Si cette idée s'installait, la gauche ne pourrait plus gouverner pour longtemps [1]. »

« Réconciliation »... Valls théorise depuis février les « gauches irréconciliables » : pour le locataire de l'Élysée, il y a en effet la gauche de gouvernement d'un côté, avec les socialistes et leurs alliés, et la gauche de protestation de l'autre, avec l'extrême gauche et Mélenchon ; pour l'hôte de Matignon, la cassure passe au sein du PS, et il n'a pas envie de se « réconcilier » avec les frondeurs, Martine Aubry, Benoît Hamon ou Arnaud Montebourg. Hollande veut la paix à tout prix ; Valls veut la guerre coûte que coûte.

On voit bien le calcul du président sortant, qui ignore qu'il est déjà sorti : le moment venu, être l'homme de la « réconciliation », cet autre nom de la « synthèse », et accomplir comme président en quête d'un second mandat consensuel ce qu'il a

1. *Ibid*, p. 170.

tant de fois réussi comme premier secrétaire du Parti socialiste. Il n'a pas compris que les deux gauches ne veulent pas de réconciliation, qu'elles souhaitent une lutte à mort, une issue définitive, un duel terminal. Il n'a pas compris, surtout, que tant du côté des frondeurs, avec Benoît Hamon ou Arnaud Montebourg, que du côté de Manuel Valls, les nouveaux éléphants ne désirent pas gagner la présidentielle, ne comptent même pas franchir son premier tour. Ils veulent trancher leur querelle économico-idéologique lors de la primaire, ce super-congrès où l'on choisit à la fois la ligne et le chef, puis limiter la casse lors des élections en attendant de bâtir *leur* Parti socialiste sur les ruines de celui de Mitterrand et de Hollande.

Sous la croûte de la dispute économique – offre ou demande ? –, il y a un volcan politique en éruption. La loi Travail n'a ni vainqueur ni vaincu. Le texte est édulcoré, mais il passe ; les motions de censure sont rédigées, mais elles avortent ; les manifestations sont puissantes, mais délégitimées par les casseurs. Rendez-vous à la primaire pour l'ultime assaut. Cette guerre ne fait qu'une seule vraie victime, à la fois centrale et collatérale : le président de la République.

* * *

Il en est une autre, en fait, mais sa mort est plus lente : le Parti socialiste. Car nul ne peut être certain qu'il y aura des ruines à relever après la présidentielle et les législatives. L'émergence d'Emmanuel Macron, la résistance de Jean-Luc Mélenchon et les progrès incessants du FN parmi les couches populaires peuvent contribuer à dessiner un paysage politique où non seulement le PS n'a plus la majorité, mais où il n'est même plus l'opposition ! Hollande a raison : le prix à payer sera peut-être de ne plus pouvoir gouverner pour longtemps, de retourner à 1969, voire à 1959.

D'ores et déjà, la Rue de Solferino montre qu'elle ne fonctionne plus, qu'elle n'est plus en mesure d'assurer la clarté dans les choix et la discipline dans les comportements. L'affaire Leonarda, le séisme de la déchéance de nationalité et la longue tempête de la loi El Khomri n'ont pas seulement cassé le lien organique entre l'exécutif et le parti, ils ont brisé la cohérence idéologique entre le pouvoir et la formation dont il est issu. À partir du printemps 2016, le PS est un véritable parti d'opposition au président. À partir de 1988, déclinant, François Mitterrand connaît le même problème, ne parvenant pas à imposer Laurent Fabius lors du congrès de Rennes, en 1990, ni à éviter la déchirure du PS autour de la guerre du Golfe. Au moins la division en trois (rocardiens, jospinistes, fabiusiens) le protège-t-elle alors un peu. On en connaît l'issue : le « droit d'inventaire » invoqué par le candidat socialiste à la présidentielle de 1995, Lionel Jospin. Mais Mitterrand est vieux et malade, chacun sait qu'il ne se représentera pas en 1995 – même si la Constitution ne l'en empêche pas à cette époque. En 2016, l'enjeu est différent : il s'agit d'empêcher Hollande de se représenter ! Cet objectif commun aux frondeurs et à Manuel Valls est finalement orchestré par le parti, cassé en deux, même si quatre candidats socialistes s'alignent lors de la primaire de gauche.

Les trois fonctions classiques d'un parti de gouvernement sont abandonnées : soutenir l'exécutif devant l'opinion ; alimenter la majorité parlementaire en idées ; préparer la prochaine campagne pour conserver le pouvoir. De Harlem Désir lâchant Hollande dans l'affaire Leonarda à Jean-Christophe Cambadélis se félicitant, dans ses vœux à la presse du 4 janvier 2017, que le président ne se soit pas représenté, après lui avoir reproché ses confidences à Davet et Lhomme, l'appareil a enfoncé le chef de l'État plus qu'il ne l'a aidé. Les grandes initiatives programmatiques ne sont pas venues du parti, mais du gouvernement, notamment les textes créant la polémique, qu'il s'agisse de l'état d'urgence, des lois Macron ou El Khomri ou du renforcement du renseignement, entre autres. Le quinquennat est vertical sur le plan législatif. Enfin, le PS, à travers la Belle Alliance populaire, a moins préparé la présidentielle de 2017 que la construction d'un bloc de gauche modérée pour affronter la suite. C'est ce que l'on peut appeler, à la suite de Jean-Christophe Cambadélis, la « troisième gauche » : il en fait un livre en 2012, persuadé que Hollande va réaliser cette alliance, fondre cet alliage au pouvoir – « Camba » ouvre même la porte aux centristes de Bayrou et de Borloo…

L'ouvrage, écrit pendant l'état de grâce de l'été 2012, vaut d'être relu, tant il montre l'ampleur de l'effondrement vécu depuis par les socialistes. Celui qui n'a pas encore obtenu la direction du parti pressent d'abord cette tension entre parti et exécutif qui sera si funeste pendant cinq ans : « Beaucoup de socialistes espèrent, rêvent, de devenir ministres un jour. Je respecte l'idée que la politique, c'est d'abord l'action gouvernementale. (…) Je ne pense pas que dans la hiérarchie symbolique de la gauche, un ministre soit "supérieur" à un dirigeant du Parti socialiste. C'est autre chose, autrement, autre part, pas supérieur. Cela peut être complémentaire dans une stratégie du changement, pas substitutif. Il y a quelques lettres de noblesse à faire au gouvernement ce pour quoi une majorité a été désignée [1]. » Dans le « ce pour quoi », il n'y avait pas, en 2012, la baisse des charges patronales accordée par le Pacte de responsabilité ni la réforme du droit du travail engagée par la loi El Khomri…

Cambadélis, visionnaire, ne perçoit pas seulement la fragilité de la charnière Parlement-gouvernement, où la gauche va se coincer les doigts : il pressent aussi qu'un autre maillon faible,

1. *La Troisième Gauche*, par Jean-Christophe Cambadélis, Éditions du Moment, 2012.

parce que trop fort, se tient à l'Élysée : « L'élection de François Hollande a réglé pour peut-être dix ans la querelle du leadership qui paralysait le Parti socialiste depuis le retrait de François Mitterrand et le faux pas de Lionel Jospin. (...) Aujourd'hui, les "hollandais" tiennent tout dans une France où le PS tient tout. Ce n'est pas le projet de François Hollande, mais cette réalité va concentrer sur lui tous les problèmes. Le pouvoir tient sur une tête d'épingle [1]. » C'est peu dire que l'épingle a vite cédé sous le poids des erreurs initiales et de responsabilités trop lourdes pour une telle organisation.

L'épingle est devenue une épine dans le pied de la gauche et le clou d'un triste spectacle.

En 2016, le PS a tout perdu et ne « tient » plus la France des villes et des régions, ni le Sénat, ni même l'Assemblée, où les frondeurs mettent régulièrement le feu. C'est l'échec d'un homme, François Hollande, mais c'est aussi la fin d'un parti créé en 1905 par Jean Jaurès et relancé en 1971 par François Mitterrand. Si son candidat à la présidentielle sauve les meubles (une troisième place...) et que les législatives lui permettent de rester la principale formation d'opposition, le PS n'aura qu'à se refonder, comme à Épinay. S'il n'obtient qu'une poignée de députés en juin après avoir été devancé par Emmanuel Macron et Jean-Luc Mélenchon en avril, alors il disparaîtra complètement.

1. *Ibid.*

Portrait 4

Martine Aubry : Mamie Nova ou Tatie Danielle ?

Dans *Le Monde du silence*, film palmé et oscarisé du commandant Cousteau, le personnage qui a le plus marqué les esprits des spectateurs était Jojo le Mérou, qui ne sortait de son trou que pour attraper quelque nourriture, saisir la lumière des projecteurs et reculer aussitôt dans sa tanière. Martine Aubry, durant le quinquennat de François Hollande, c'est Jojo le Mérou.

La maire de Lille n'a pas bougé politiquement de sa ville, elle fut discrète à Paris, rarissime en province et invisible à l'étranger. En 2012 et en 2013, elle semble bouder, n'ayant pas été nommée à Matignon et ne pouvant accepter un autre poste. En 2014 et en 2015, elle donne l'impression de ronger son frein, opposée aux orientations du gouvernement Valls, mais ne souhaitant pas ferrailler contre le président – elle signe même la motion majoritaire au congrès de Poitiers, en juin. En 2016, en revanche, elle paraît chercher la bagarre tous azimuts, contre Hollande, Valls et Macron ; la bagarre, et même la guerre.

Le 24 février, la maire de Lille cosigne une tribune assassine publiée par *Le Monde*, qui s'inquiète publiquement d'un « affaiblissement durable de la France », à cause notamment du projet de loi sur la déchéance de nationalité. L'obus tombe sur l'Élysée au pire moment des discussions parlementaires, à mi-chemin entre la démission de Christiane Taubira, le 27 janvier, et le retrait du projet, le 30 mars. C'est l'instant où François Hollande comprend qu'il est en train de perdre la partie, parce que la gauche ne veut pas que les binationaux soient les seuls visés par la déchéance et que la droite refuse de créer des apatrides. Le président voit qu'il est dans un labyrinthe sans issue, et Aubry y met le feu ! « Non, la France n'a pas été abaissée. Cela, on ne peut pas le dire [1] », peste le président. Elle ne le dit pas, elle dit que cela se « profile », elle le dépeint comme l'horizon périlleux vers lequel fonce Hollande. Mais la raison de la fureur présidentielle est ailleurs : « Si je devais me présenter devant les électeurs, ils diront : "Comment vous pouvez vous présenter, puisque Mme Aubry elle-même dit que vous avez abaissé la France ?" C'est ça, le problème. » En effet, c'est ça, le problème : elle attaque le président Hollande pour affaiblir le candidat Hollande. Martine Aubry voudrait-elle se présenter en 2017 ?

En tout cas, elle se déchaîne contre le flanc droit de la gauche. À Manuel Valls, elle reproche son discours de Munich, le 13 février 2016, quand le Premier ministre critique l'excessive hospitalité

1. *Un président ne devrait pas dire ça…*, *op. cit.*, p. 351.

envers les réfugiés décrétée par Angela Merkel et prône à rebours « efficacité et fermeté ». Elle ne supporte pas non plus que le chef du gouvernement ait employé l'expression « gauches irréconciliables », sans réaliser qu'elle avère, par sa virulence, ce constat cynique – ce que le président lui fait remarquer. À Emmanuel Macron, elle adresse un message en forme de fessée, le 23 septembre 2015 : « Macron ? Comment vous dire... Ras-le-bol. Voilà. Ras-le-bol », lance-t-elle, avant de tancer l'« arrogance » de celui qui est ministre de l'Économie depuis plus d'un an et de stigmatiser son « ignorance de ce que vivent les Français ». Martine Aubry voudrait-elle se présenter en 2017 ?

Très tôt, pourtant, elle annonce publiquement qu'elle ne participera pas à la primaire prévue. Son objectif semble en ce cas se limiter à provoquer la défaite de ses ennemis, à assouvir une triple vengeance : Hollande incapable de se représenter, notamment à cause des saillies de l'édile ch'ti ; Valls décrédibilisé à gauche, dans l'impossibilité de s'imposer dans la primaire, notamment à cause du travail de sape des aubrystes ; Macron diabolisé, renvoyé vers la droite, délégitimé. Elle paraît aussi libre que susceptible, capable de mordre sans prévenir et sans suite, prête à fonctionner selon le plaisir de porter tort, de faire mal. C'est Tatie Danielle, cruelle et indestructible.

Pourtant, le 11 mai 2016, Martine Aubry ordonne à ses amis députés de ne pas signer le projet de motion de censure rédigé par les frondeurs pour faire tomber le gouvernement et stopper la discussion de la loi Travail. À deux paraphes près, donc à cause d'elle, le texte manque le quota de 58 signataires nécessaire. Aubry sauve Valls, Aubry sauve Hollande – si ce n'est d'une censure, au moins d'une démarche contestataire humiliante. Ils vont pouvoir terminer leur quinquennat comme on finit un repas, en dégustant un dessert, même amer. Tatie Danielle est devenue Mamie Nova.

François Hollande se doute que Martine Aubry veut négocier son soutien, en tout cas sa neutralité, pour les derniers mois. Souhaite-t-elle Matignon ? Être sur le ticket pour 2017 ? Récupérer la direction du parti ? Rien de tout cela, comme Hollande le raconte en sortant du déjeuner en tête-à-tête organisé à l'Élysée pour la remercier de son attitude lors de la motion de censure. « Elle voulait qu'on la laisse tranquille (...) dans sa propre région ou sa ville. C'était ça, son souci [1]. » Sécuriser son fief, placer quelques amis, pouvoir dormir tranquille : Jojo le Mérou rentre dans son trou.

Martine Aubry rate le quinquennat presque autant que François Hollande. Non seulement elle connaît des élections locales difficiles, en reculant de 11 points au premier tour des municipales de 2014 par rapport à celles de 2008 et en perdant le

1. *Un président ne devrait pas dire ça...*, *op. cit.*, p. 352.

contrôle de l'agglomération, que la gauche dirige depuis quarante-sept ans, mais elle est rejetée dans sa fédération, qui échappe à son courant lors de la préparation du congrès de Poitiers, en 2015. Vingt et un ans plus tôt, au congrès de Liévin de novembre 1994, celle dont on venait d'apprendre l'arrivée au côté de Pierre Mauroy, à Lille, pour les municipales de 1995, était ovationnée, plus encore que son père, Jacques Delors, dont la candidature présidentielle était alors espérée.

Sous le règne de Mitterrand, le soleil Aubry s'est levé, pour se coucher sous celui de Hollande. C'était un soleil d'hiver, il est resté au nord et n'est pas monté bien haut…

Pourtant, elle aurait pu jouer une tout autre partie entre 2012 et 2016. Sur une ligne de gauche, elle peut dès le début du mandat mener la critique contre les atermoiements et les maladresses du gouvernement Ayrault, se posant en remplaçante de luxe, sur la même ligne mais en professionnelle. Sa bouderie hautaine ne lui vaut ni déférence ni attention. Quand le mouvement des frondeurs s'esquisse, très tôt, lors du débat sur le traité de stabilité budgétaire européen, elle peut prendre leur tête, les cornaquant de loin et leur évitant de mener des combats perdus d'avance. Ils y gagneraient de la crédibilité, elle y trouverait une jouvence. Lors des grandes batailles au sein de la gauche, elle devrait sonder le Rubicon, et le franchir éventuellement en provoquant la chute du gouvernement ou, plus placidement, en tentant de reprendre le parti. Mais quand on a peur de la guerre, on tremble encore plus devant une guerre civile. Enfin, en bout de course, elle peut s'immiscer fortement dans la primaire, haranguer les électeurs : las, une sciatique importune l'envoie à l'hôpital et l'empêche, si tant est qu'elle le veuille, de participer vraiment au choix. Son affection connue pour Benoît Hamon et son soutien au second tour ne sont pas un investissement politique.

Quel que soit l'avenir du Parti socialiste dans les prochaines années, il s'écrira sans Martine Aubry. Au début de sa carrière, constatant sa maîtrise technocratique, son habileté politique et sa force médiatique, les Français pensaient qu'elle pourrait faire presque aussi bien, peut-être, que François Mitterrand ; elle n'a même pas égalé Pierre Mauroy.

Portrait 5

Emmanuel Macron : Mozart ou Justin Bieber ?

Emmanuel Macron a le sens des appellations. En baptisant son mouvement En marche ! il se met à l'abri de toutes les critiques et de tous les soupçons. Pour marcher, il faut une jambe gauche et une jambe droite, et proclamer la mise en mouvement ne dit rien de la direction choisie… Demander au peuple de se mettre en marche pour remettre le pays en marche, « mobiliser », au sens étymologique du mot, c'est créer un enthousiasme sans soulever de scepticisme sur l'horizon. Ce n'est pas « Qui m'aime me suive » – encore que… –, mais « Qui aime la France se bouge », une sorte de « Lève-toi et marche ! » laïque et républicain. Et, dès les premiers meetings, les gens se lèvent… et applaudissent. En marche !, c'est *mobilis in mobile*, la devise du Capitaine Nemo, c'est-à-dire « Être mobile dans l'élément mobile ». Le paysage politique est secoué de séismes, Macron choisit de bouger quand tous les autres demeurent pétrifiés. Comme le héros de Jules Verne, Emmanuel Macron progresse en profondeur, néanmoins sans se cacher ; il nage 20 000 lieues sous les mers, notamment sous la mer des sarcasmes.

Emmanuel Macron a le sens des titres. Quand il intitule son livre *Révolution*, il sait que le contenu sera pourtant assez peu séditieux. Mais c'est bien cela que réclament les Français exaspérés : un changement complet, mais sans effusion de sang ni barricades, sans brûler ni exécuter. Une révolution civilisée, une révolution de pays âgé, une révolution d'honnêtes gens.

* * *

Assistons-nous à une nouvelle révolution française ? Emmanuel Macron n'a pas le droit de viser 2022, ni de fonder un parti comme les autres pour durer : son rendez-vous avec l'Histoire, c'est maintenant ou jamais. Le personnage est mystérieux, traversé d'ombres et de failles, et cache ses fragilités sous son talent. Cet homme a un cerveau, mais a-t-il des épaules ? Jamais élu, pas encore quadragénaire, inconnu du grand public il y a encore trente mois, appuyé sur aucun parti, libéral venu de la gauche, Macron passera, s'il gagne la présidentielle, du statut de surdoué à celui de génie. Il sera à la politique française ce que Mozart est à la symphonie. En revanche, s'il éclate comme une bulle de savon, s'il passe de mode avant le printemps, s'il explose en vol, il laissera la trace d'une coqueluche éthérée, d'une starlette creuse, un général Boulanger à pied. Il sera à l'Histoire de la Ve République ce que Justin Bieber est au bel canto.

Si Emmanuel Macron est élu président de la République le 7 mai, il aura accompli une sorte de coup d'État de velours, tout en sourires et en séduction, bousculant la culture politique nationale sans traumatisme. Le clivage droite-gauche sera dépassé, les partis classiques seront enterrés et les deux tiers des élus et des électeurs changeront de boussole. Emmanuel Macron peut-il le réaliser, ce rassemblement de « deux Français sur trois » dont rêva Valéry Giscard d'Estaing ?

Tout est réuni. Le pays rejette non la politique, mais les politiques, tous ceux qui ont gouverné et échoué depuis trente ans, et pour autant il ne veut pas se résoudre à mettre l'extrême droite au pouvoir. Le clivage droite-gauche n'a plus grand sens, tant les deux camps partagent nombre de diagnostics et moult échecs similaires. La gauche a montré son incapacité à stimuler l'activité économique, la droite ses difficultés à garantir l'harmonie sociale. D'évidence, et c'est pourquoi les cohabitations ont plu, les électeurs veulent le meilleur des deux hémisphères, ils souhaitent l'alliance des compétents, des modérés et des pragmatiques issus des différents partis de gouvernement, à l'exception des dogmatiques et des malhonnêtes.

* * *

Emmanuel Macron n'est pas social-libéral, il est libéral-social : il veut créer des richesses pour pouvoir les redistribuer, il pense que plus de riches, c'est moins de pauvres, il croit qu'on atteint la justice par la prospérité – c'est là une pensée de gauche révolutionnaire. Révolutionnaire, Macron l'est aussi parce qu'il ne confond pas l'égalité et l'égalitarisme, cette impasse où le Parti socialiste demeure fourvoyé. Pour la gauche classique, l'égalité maximale est un point d'arrivée, le but que doit poursuivre le pouvoir, ce qui amène à niveler par le bas quand on n'arrive pas à hisser tout le monde – et l'on n'arrive jamais à hisser tout le monde. Pour la gauche moderne, l'égalité est celle des chances, celle du point de départ, celle qui permet aux jeunes de s'extraire le plus possible des aléas de la naissance – dans quel lieu, dans quelle famille et avec quel atavisme est-on venu au monde ? L'égalitarisme, c'est Mélenchon qui fixe un revenu maximum (360 000 euros par an) ; l'égalité, c'est Macron qui espère que de nombreux jeunes Français vont devenir milliardaires pour investir, embaucher, consommer et surtout donner envie à d'autres de réussir. Mélenchon, c'est la révolution du XIXe siècle ; Macron, c'est la révolution du XXIe siècle.

Il y a de l'Adolphe Thiers en Emmanuel Macron. Même réussite de surdoué, même instinct du pouvoir, même avance sur son temps politique, même familiarité avec l'argent, même progression par la faveur de puissants qu'il déborde ensuite. De Macron aussi l'on pourrait dire : « Celui-ci n'est pas parvenu, il est arrivé… » Mais Thiers a cultivé la patience de revenir après sa chute, en une époque où les journaux ne carbonisaient pas aussi vite les personnages politiques – et où seuls les événements historiques pouvaient les disqualifier. Macron, lui, n'aura pas de seconde chance. « Nous sommes en train de commettre un magnifique hold-up », confie, gourmand, l'un des membres de son comité politique. « Ni armes, ni violence et sans haine » : Macron, le Spaggiari de la politique.

* * *

Emmanuel Macron est pour la gauche l'homme de la révolution, et le Parti socialiste disparaîtra si cet ancien ministre de l'Économie entre à l'Élysée ; mais il est aussi pour elle l'homme des réconciliations. Réconciliation avec le travail, d'abord. Depuis le marxisme, et malgré les dernières décennies, il est présenté comme une aliénation par la gauche, un mal nécessaire qu'il faut contenir, en quantité comme en intensité. En quantité : les 35 heures sont d'abord un rejet du travail, nuisible, donc à consommer avec modération. En intensité : les socialistes combattent à juste titre la pénibilité, mais avec un tel esprit pointilleux que nul métier n'échappe à une dénonciation coûteuse, et c'est l'effort lui-même qui est condamné. L'aboutissement de cette négation du travail est la proposition d'un « revenu universel » : payer l'humain à ne rien faire, c'est libérer définitivement l'humain, pense une partie de la gauche, alors que c'est le nier. Pour Freud, un homme est heureux s'il aime et s'il travaille. Macron veut rendre le travail aimable et l'homme heureux – plus facile à dire qu'à faire.

Le candidat d'En Marche ! propose aussi une réconciliation avec le progrès, pilier du socialisme au début de la révolution industrielle, trésor abandonné en chemin. Par méfiance contre la machine qui remplace l'homme, d'abord, puis par contestation de l'utilité même des inventions, la gauche s'abandonne à l'obscurantisme, déguisé en « principe de précaution ». Ce qui est nouveau, qu'il s'agisse des OGM, du téléphone portable, d'un aéroport en plus ou d'un barrage agrandi, du gaz de schiste, des cellules-souches ou de l'ubérisation de l'économie, est au mieux fauteur de troubles, au pire porteur d'apocalypse. Une philosophie antiscience se développe avec la caution de la gauche, qui devient vite un anti-humanisme, car la science, c'est l'homme. Non seulement celui-ci réchauffe le climat et vampirise la planète, mais il est intrinsèquement mauvais, affirment les ultras, rousseauistes impénitents. S'étant infligé, pour des raisons électorales, l'influence écologiste en plus des pressions communistes, le socialisme a lentement abjuré sa foi dans le progrès. Comme la République selon la Terreur, le socialo-écologisme considère qu'il n'a pas besoin de savants. Pour Macron, l'imprimante 3D, les « fab lab » et les derniers outils des geeks symbolisent au contraire la nouvelle révolution productive, dont on peut attendre de nombreux bienfaits pourvu que, justement, on ne les attende pas, mais les prenne d'assaut.

Enfin, Macron peut réconcilier la gauche avec l'actionnariat. Celui de l'État, pourvu qu'il s'agisse d'un capitalisme actif, et celui des salariés, en relançant la participation. L'État comme actionnaire souhaite des sociétés publiques performantes, mais l'État comme objet politique ne veut pas d'un peuple mécontent du secteur public et préfère donc gaspiller en calmant la foule que bien gérer en la froissant. Dépasser cette contradiction est l'un des défis du macronisme. Cette réconciliation-là serait aussi une révolution.

* * *

Le mot préféré d'Emmanuel Macron, selon sa propre confidence à *L'Express*, le 8 mars 2016, est « saxifrage », du nom d'une plante qui, comme l'éclaire l'étymologie, « fend la pierre ». Dans la pensée du candidat à la présidentielle, il s'agit surtout d'évoquer le poème de René Char, *Pour un Prométhée saxifrage*, qui nous dit : « La seule lutte a lieu dans les ténèbres. La victoire n'est que sur leurs bords. » Quelles sont ces étranges ténèbres où le candidat Macron promène le flambeau de sa ferveur, qui se fait parfois fièvre ? Quelle est cette lutte à laquelle s'abandonne le présidentiable Macron, aussi fragile qu'irrésistible ? Quels sont ces bords, sinon les quelques pourcentages qui donnent ou volent la victoire ?

À gauche, tous ont pris Emmanuel Macron pour la grenouille de la fable, promise à l'explosion pour avoir voulu se faire aussi grosse que le bœuf. Au début de 2017, la grenouille s'est envolée en souriant et le bœuf est à l'abattoir.

CHAPITRE 7

Bienvenue chez les pauvres
La fin de la gauche sociale, ou pourquoi Émile Zola est en enfer

Des rames de métro qui ne franchissent pas une station sans qu'un nécessiteux interpelle les voyageurs. Des stations elles-mêmes transformées en dortoir jour et nuit, quand ce n'est pas en cour des miracles, où les drogués offrent leur naufrage à l'indifférence collective. Des trottoirs parsemés de migrants, sur des cartons ou sous des couvertures : pour la première fois depuis longtemps, en France, à Paris notamment, l'État tolère de voir des enfants faire la manche dans la rue et n'être ni logés ni scolarisés. La gauche ne saurait être considérée comme seule responsable de cette aggravation de la pauvreté, qui a commencé, selon l'Observatoire des inégalités, lors de la décennie 1990, mais elle n'a réussi à l'enrayer ni avec un Premier ministre nommé Lionel Jospin, ni pendant le quinquennat Hollande.

Le gouvernement actuel s'en défend, qui revendique son « plan pluriannuel de lutte contre la pauvreté et pour l'inclusion sociale », lancée en 2013, et affirme sur son portail Internet que la pauvreté a reculé de 14 % depuis 2012 et qu'elle a atteint, avec 11 % des Français considérés comme en dessous du seuil de précarité, un « plus bas historique ». « Attention ! » prévient l'Observatoire des inégalités, les méthodes de calcul ont changé deux fois, en 2010 et en 2012, ce qui ôte tout fondement aux comparaisons dans la durée. « Il y a trois sortes de mensonges : les mensonges, les sacrés mensonges et les statistiques. » La citation attribuée à Mark Twain fonctionne ici à plein sur ce sujet. Quiconque fréquente les grandes villes et les transports en commun sait que l'extrême pauvreté n'a pas régressé, qu'elle est au contraire de plus en plus visible, de plus en plus poignante. L'empirisme, ici, déjoue les recensements et la technocratie. Peu de Français connaissent la figure et l'action de Ségolène Neuville, secrétaire d'État chargée de ce dossier depuis trois ans. Sur le site de son administration, les mesures de lutte contre la pauvreté arrivent en queue de liste, loin derrière l'autisme, l'aide à domicile ou le surendettement, nobles causes.

* * *

Il y a quinze ans, le 18 mars 2002, Lionel Jospin promettait d'atteindre l'objectif « zéro SDF » à la fin du quinquennat suivant, soulevant railleries et ricanements. La gauche, depuis, ne s'est plus risquée à un tel engagement, considérant peut-être que s'être indigné au spectacle des clochards et des errants avait participé à l'élimination de son candidat dès le premier tour de la présidentielle, le

21 avril suivant. Certes, le Premier ministre sortant avait contre lui un plan trop flou contre l'exclusion, un bilan trop vierge en la matière après cinq ans à Matignon et une propension trop élevée à mélanger le naïf et le péremptoire, mais il avait affiché ici un idéal – mieux : un principe. La gauche n'a plus de raison d'être si elle se détourne de ceux que Victor Hugo a justement nommés les misérables, après avoir hésité à intituler son roman fleuve « Les Misères ». Les misères, c'est un fait social ; les misérables, ce sont des êtres humains. « Tant que les trois problèmes du siècle, la dégradation de l'homme par le prolétariat, la déchéance de la femme par la faim, l'atrophie de l'enfant par la nuit, ne seront pas résolus ; tant que, dans de certaines régions, l'asphyxie sociale sera possible ; en d'autres termes, et à un point de vue plus étendu encore, tant qu'il y aura sur la terre ignorance et misère, des livres de la nature de celui-ci pourront ne pas être inutiles », affirme l'écrivain. La pauvreté du XXIe siècle ne demeure-t-elle pas l'addition jamais vaincue de ces fléaux ?

Si les républicains d'hier, c'est-à-dire la gauche d'aujourd'hui, avaient renoncé à la défense des misérables, jamais ils n'auraient apporté à la nation des progrès sociaux et politiques. Or la gauche, socialistes en tête, oublie ce combat majeur, elle préfère se consacrer à la défense des intérêts de ses clientèles électorales. La gauche est devenue le camp des fonctionnaires (qui l'abandonnent peu à peu), des classes moyennes (qui s'en détournent de plus en plus) et des « bobos » aisés (qui la trahiront sans hésiter). Si la gauche est le parti de ceux qui ont une situation sociale et ne se distinguent de la droite que par un discours sur l'intérêt général et un attachement au service public, ainsi que par quelques valeurs morales, alors c'est du côté d'Emmanuel Macron qu'il faut la chercher. Si la gauche demeure le camp des opprimés, de ceux qui n'ont rien, des « infortunés » qui ne veulent pas devenir « infâmes », pour reprendre la distinction hugolienne, alors il lui faut remettre la pauvreté au premier rang de ses combats, et s'engager à ce qu'il n'y ait plus de SDF en 2022…

* * *

La gauche au pouvoir trébuche souvent sur la pauvreté. Parce qu'elle fait naître des espoirs particuliers chez les plus faibles, parfois exacerbés par une démagogie éhontée, elle leur rend des comptes, vite et sans aménité. C'est Blum atteint par la calomnie qui raconte ses dîners imaginaires dans de la vaisselle d'or, pendant que la misère fait des ravages. C'est François Mitterrand et l'arrivée des « nouveaux pauvres », peu de temps après son élection ; tels Gérard Jugnot dans *Une époque formidable*, ils sont victimes à la fois de l'instabilité de l'économie, anciens cadres moyens jetés à la rue par le chômage « de longue durée », et de l'instabilité de la société, car les familles sont fragiles et leur dissolution entraîne parfois la perte du logement.

Pour François Hollande, le châtiment est terrible parce qu'il est double – privé et public. Dans les premiers jours du mois de septembre 2014 paraît *Merci pour ce moment*, le livre de Valérie Trierweiler. Si l'opinion publique se repaît des confidences ruisselant de la chambre à coucher, la vraie polémique vient de la définition des pauvres selon Hollande : les « sans-dents ». « Il s'est présenté comme l'homme qui n'aime pas les riches. En réalité, le président n'aime pas les pauvres. Lui, l'homme de gauche, dit en privé : les "sans-dents", très fier de son trait d'humour », cingle l'ancienne première dame. Trierweiler est habile, qui rapproche la blague cruelle de l'affirmation ancienne, véritable carte d'identité idéologique de Hollande, contre les plus fortunés : « Je n'aime pas les riches », lancé à la télévision le 8 juin 2006. Au Bourget, le 22 janvier 2012, le président insiste encore sur le fait qu'il aime « les gens », pas l'argent. L'expression « sans-dents » laisse entendre que le président de la République est cynique et duplice, qu'il aime se moquer des déshérités, les réduire à leur disgrâce physique, tout en profitant, sans la moindre compassion, de leur crédulité dans les élections.

En marge d'un sommet de l'Otan, le 5 septembre 2014, au pays de Galles, François Hollande se révolte contre le livre, lisant un communiqué pesé mot à mot, après avoir médité seul sous une grande tente peu avant la conférence de presse : « Je ne laisserai pas mettre en cause la conception de mon action au service des Français, et notamment de la relation humaine que j'ai avec les plus fragiles, les plus modestes, les plus humbles, les plus pauvres, parce que je suis à leur service et parce que c'est ma raison d'être, tout simplement ma raison d'être. » « Fragiles », « modestes », « humbles », « pauvres » : un déluge de synonymes pour tenter – en vain – d'étouffer l'expression « sans-dents », et l'affirmation presque religieuse d'un dévouement envers les plus démunis. Sa « raison d'être », les pauvres ? Soudain mué en Abbé Pierre, Hollande en fait un peu trop, mais la réaction est à la hauteur de sa souffrance. Les témoins les plus proches considèrent que c'est pour lui le moment le plus difficile du quinquennat. « Cette attaque est ce qui m'émeut le plus, dit-il plus tard. On peut tout dire de moi sauf "ça". C'est le sens de ma vie [1]. »

* * *

Le principal discours de François Hollande sur ce thème intervient un mois plus tard, le mardi 14 octobre 2014. Il s'agit, à Clichy-la-Garenne, de relancer le plan pluriannuel de lutte contre la pauvreté et pour l'inclusion sociale, poussif un an et demi après son lancement. Diaphane, Ségolène Neuville est d'ailleurs au côté du président. Mais la raison profonde du déplacement est de réaffirmer l'attachement du président aux… « sans-dents ».

1. *Conversations privées avec le président*, *op. cit.*, p. 34.

L'expression a prospéré depuis la sortie du livre de Valérie Trierweiler, la défense émue et indignée de Hollande au pays de Galles a fait long feu, il faut agir encore. « Blessure » pour les individus concernés, la pauvreté est dépeinte comme une « humiliation pour la République ». « La fierté collective, c'est de permettre que nous puissions, non pas supprimer, éradiquer la pauvreté, mais faire en sorte que tous ceux qui sont loin puissent être ramenés, raccrochés, repris par l'action collective. » C'est chez Émile Zola que François Hollande cherche le salut, il veut démontrer que sous sa présidence une spirale de la déchéance comme celle dépeinte dans *L'Assommoir* serait enrayée, que les services sociaux auraient raison de l'alcoolisme de Lantier ou de la décadence de Gervaise – même s'il sait que la pauvreté ne disparaîtra pas. L'échec cuisant de Jospin et de son « zéro SDF » est en filigrane de la prudente position présidentielle, mais c'est une autre polémique qui, ce jour-là, enraye son discours : quelques semaines plus tôt, le ministre du Travail, François Rebsamen, un proche de Hollande, a annoncé des contrôles plus stricts des chômeurs pour débusquer ceux qui trichent avec l'assistanat français, et déclenché l'ire des associations caritatives.

La gauche ne peut soupçonner certains pauvres d'abuser du système social, elle ne peut théoriser aucune hypocrisie de la misère et se retrouve ainsi piégée. Mieux et plus aider les vrais pauvres exige de pourchasser les profiteurs de la générosité publique, mais supposer seulement que la masse des déshérités cache quelques imposteurs vaut au pouvoir critiques et accusations issues de son propre électorat. La pauvreté, comme la Révolution, serait-elle donc « un bloc » ? C'est un grave échec de Hollande que de ne pas parvenir à persuader les Français qu'il faut être intraitable avec la distribution d'argent public si l'on veut être efficace et, surtout, juste. Car c'est bien là le bilan de son quinquennat : il n'a pas fait progresser la justice sociale, ce qui permet à Laurent Wauquiez de continuer à dénoncer le « cancer » de l'assistanat et à François Fillon de remettre en question le système social français.

« Sans-dents » : François Hollande l'a bien dit et le reconnaît d'ailleurs, deux ans après la polémique, face à Gérard Davet et Fabrice Lhomme : « C'est vrai. Je lui ai dit : "Je vois les gens qui viennent vers moi dans les manifestations, ce sont des pauvres, ils sont sans dents." Bien sûr que je lui ai dit ça. Mais ça n'est pas une plaisanterie, c'est une vérité [1]. » À la sortie du livre, en octobre 2016, Trierweiler publie un texto de son ex-compagnon, daté du 31 mai 2008 : « Je suis avec ma copine Bernadette [Chirac] dans une grande manifestation dans son canton. Je lui ai fait un numéro de charme. Mais tu ne dois pas t'inquiéter. Dans son discours, elle a fait un lapsus formidable. Rire général, même chez les sans-dents. » Alors, plaisanterie ou vérité, les

1. *Un président ne devrait pas dire ça*, *op. cit.*, p. 142.

« sans-dents » ? François Hollande, pour rire et par sincère sympathie, parce qu'il est à la fois l'incorrigible « Monsieur petites blagues » brocardé par Laurent Fabius et un véritable altruiste, a bien employé l'expression « sans-dents » pour désigner les pauvres. Rire n'est pas toujours se moquer. Jusqu'au bout de son quinquennat, elle lui revient en pleine figure et participe largement de sa perte de crédit.

Au bout du compte, l'édenté, c'est lui.

* * *

Que peut faire la gauche, désormais, pour retrouver crédibilité et efficacité dans la lutte contre la pauvreté ? La dernière idée en vogue est celle du « revenu universel », un salaire versé à chacun en échange du fait même d'exister, promue par Benoît Hamon et reprise par Manuel Valls pour se « marquer » à gauche. Piste intéressante à suivre, pourvu qu'elle s'accompagne de quelques principes qui en supprimeront les effets pervers. Il est impératif de supprimer toute autre aide sociale, ainsi que les gratuités liées aux statuts précaires, sinon les bénéficiaires de ce revenu rechigneront à accepter un emploi peu rémunéré, dans lequel ils perdraient tout leur temps libre pour un bénéfice économique limité. Il faut aussi exiger en échange de ce revenu, entre seize ans et l'âge de la retraite, une activité socialement utile, symbolique et non rentable – quelques heures par semaine. Il convient aussi d'empêcher les employeurs d'abaisser les petits salaires en considérant que le revenu universel s'ajoute à eux. François Hollande, quelques semaines avant de renoncer à un second mandat, envisage de placer au centre de sa future campagne l'idée d'un patrimoine universel, un pécule de départ confié à chaque Français. Quinze livres, selon Thomas Paine, suffisaient à un jeune Britannique, en 1797, pour acheter une vache et quelques outils agricoles afin de louer ses bras. D'autres évoquent un prêt sans intérêt, que ses bénéficiaires ne rembourseraient qu'après avoir assez gagné leur vie.

Foisonnement loufoque ou révolution économique ? La gauche devrait déjà proposer le revenu étudiant : chaque jeune lancé dans des études supérieures, par les connaissances qu'il acquiert, crée de futures richesses, il est donc un investissement de la collectivité ; lui verser une bourse, qu'il ne remboursera que s'il part travailler à l'étranger, comme une « pantoufle », est donc un bon calcul. Mais il convient pour cela de sélectionner les étudiants, car tous n'offrent pas de « retour sur investissement » garanti. Or la sélection à l'entrée de l'université demeure un tabou pour la gauche, qui préfère s'accrocher au rituel factice du baccalauréat. Là encore, entre l'efficacité juste et l'égalitarisme infécond, la gauche choisit la seconde option, et ce dilemme tranché toujours à mauvais escient est pour beaucoup dans l'échec de ses politiques sociales, qui explique lui-même largement le discrédit de sa gouvernance.

Bienvenue chez les pauvres

La gauche meurt de ne pas vouloir être juste, et de préférer aider les pauvres sans distinction plutôt qu'éradiquer la pauvreté.

PORTRAIT 6

Benoît Hamon : Castor Junior ou Benoît Brisefer ?

« T'as pas froid ? », chuchote Benoît Hamon à son voisin. « C'est vrai, on se les gèle », répond Arnaud Montebourg. On a beau être présidentiable, on n'en est pas moins sensible aux caprices de la climatisation. Sur le plateau du deuxième débat télévisé de la primaire de gauche, le 15 janvier 2017, les échanges sont vifs, le froid aussi. « J'ai les pieds glacés, je me dandine pour me réchauffer », raconte celui qui deviendra, deux semaines plus tard, le candidat officiel du PS et de ses alliés à l'élection présidentielle. Après s'être dandiné, Benoît Hamon peut danser : la télévision a largement contribué à son succès.

Cela commence par un coup de chance. La grande émission politique de France 2, platement baptisée « L'émission politique », doit accueillir, le jeudi 8 décembre dernier, le président de la République, dans le cadre de sa campagne pour un second mandat fraîchement lancée. Mais, le 1er décembre, François Hollande jette l'éponge. « J'ai tout de suite candidaté pour le remplacer dans l'émission, mais on m'a récusé, raconte Hamon. C'est après avoir essuyé plusieurs autres refus que Michel Field s'est résigné à m'inviter. » Quelque temps plus tard, au bord de la victoire, il précise : « Il restait le clochard, ils ont invité le clochard. »

Cela continue par un coup de maître. Benoît Hamon réalise une prestation dense, nourrie de propositions concrètes, presque toutes centrées sur l'économie et le social. Même si tout cela a des airs scolaires et semble une revue de fiches programmatiques, un peu comme le catalogue des Castors Juniors de la gauche redistributrice, ce menu s'impose vite comme celui de la campagne. Pendant six semaines, la dispute des présidentiables tourne pour l'essentiel autour des propositions de Hamon. Il n'est pas le favori de la primaire, mais il est son centre de gravité.

* * *

Du droit de vote pour les étrangers à la légalisation du cannabis, en passant par le visa humanitaire destiné aux migrants, Hamon reprend les vieilles lunes de la gauche généreuse et tolérante, audacieuse et tolérante, ces promesses qui peignent en rose foncé les campagnes électorales avant que la pluie de la realpolitik n'en délave jusqu'au souvenir même. Mais il y ajoute le revenu universel, qui n'est pas une idée, mais l'Idée de sa campagne, avec un grand I, comme illusion, irénisme, impossible. Pourtant, tel un récif tranchant, le revenu universel provoque le naufrage de tous les rivaux de Hamon.

Montebourg sombre d'abord, avec son ouvriérisme classique hérité du chevènementisme. Arnaud le flamboyant parle de Florange, de sidérurgie, quand il parle économie ; Benoît le patient, lui, évoque Uber, les CDD d'usage et les carrières non linéaires. Montebourg a un pied chez Zola, Hamon un œil chez Zuckerberg. Manuel Valls coule ensuite. Comme lui, Benoît Hamon a commencé sa carrière auprès de Michel Rocard, mais de cette deuxième gauche réformiste, les deux hommes ont tiré des leçons différentes. Valls évolue vers un réalisme toujours plus assumé, qui veut adapter la France au monde tel qu'il va ; Hamon, lui, veut réenchanter la gauche et lui donner de nouveaux idéaux. Valls regarde le prochain virage, Hamon dessine un horizon.

Le revenu universel est emblématique parce qu'il a deux muses. L'une, ultralibérale, propose de supprimer les aides sociales, remplacées par cette allocation, et de comprimer les salaires puisqu'ils sont posés sur ce « socle ». L'autre, postmarxiste, libère de l'aliénation qu'est le travail en rémunérant l'être humain pour ce qu'il est, non pour ce qu'il fait. Les robots ne sont pas dénoncés par Hamon comme des voleurs de travail, ils sont juste taxés pour financer le revenu de celui qui ne travaille pas, à cause du, ou grâce au robot.

Ainsi Benoît Hamon fait-il coïncider le monde qui arrive (il n'y aura pas de travail pour tout le monde) avec l'aspiration profonde d'une partie de la population (ne plus subir le travail). Dans la France hamonisée, le travailleur perçoit une rémunération mince, mais fournit un effort nul. C'est la fin de l'exploitation de l'homme par l'homme et le début d'une ère inédite, vouée à l'épanouissement de l'être humain et au culte du bonheur personnel.

Hamon incarne finalement la vraie rupture avec le capitalisme, non par l'appropriation collective des moyens de production, comme au temps du communisme, mais par le progrès technique, l'impôt et la frugalité. C'est du postmarxisme, où le revenu universel consacre l'individu sans approuver le libéralisme, où Karl Marx est secondé par Sigmund Freud pour faire croire au bonheur, cette « idée neuve en Europe » en 2017 avec Benoît Hamon comme en 1794 avec Saint-Just.

Pourtant, le futur ne ressemblera peut-être pas à la version qu'en donne Benoît Hamon. Et s'il y avait plus d'emplois demain qu'aujourd'hui ? Et si le progrès créait assez d'activités nouvelles pour compenser les postes supprimés ? Et si la montée en puissance d'une économie de services rendait indolore l'affaiblissement de l'économie industrielle ? Si Benoît Hamon est désormais un écologiste affirmé – « Je ne conçois plus d'être socialiste sans être écologiste » –, c'est aussi parce qu'il partage les préceptes de décroissance que l'on trouve chez les Verts. Personne, dans la primaire de gauche, n'a su démontrer que la croissance créatrice d'emplois en masse était encore crédible. Cette philosophie-là a quitté le socialisme pour passer chez Macron.

Le post-marxisme qu'incarne Benoît Hamon, c'est toujours du marxisme, c'est-à-dire une lutte de classes. Hamon veut parachever la Révolution française : elle supprima les privilèges de la noblesse, il s'agit désormais d'offrir à chacun l'attribut suprême des aristocrates, l'oisiveté. Le revenu universel, c'est le lendemain qui chante longtemps après la nuit du 4 août.

* * *

La gauche de Benoît Hamon, c'est aussi un double coup de blues. Cette gauche qui ne croit plus au travail doute de l'Europe et ne sait plus comment défendre la laïcité. Ces trois piliers de la foi socialiste se sont effrités, et c'est pourquoi Hamon l'a emporté.

Sa victoire est dépeinte comme la revanche des frondeurs, piétinés par Valls et Hollande pendant cinq ans, mais elle est plutôt la nouvelle victoire des « nonistes » de 2005. Triomphants le 29 mai de cette année-là, ils n'ont réussi à s'imposer ni au parti ni dans la course à la candidature présidentielle. Avec le succès de Hamon, ils espèrent faire coup double et rafler le PS après une présidentielle honorable. Le souverainisme socialiste qui découlera de ce scénario est affolant : chercher des solutions françaises aux problèmes mondiaux, c'est préparer un pays rabougri. Comme les travaillistes britanniques avec Jeremy Corbyn, les socialistes français, si Hamon demeure leur guide, se voudront plus à gauche et se retrouveront plus petits.

La lente glissade communautariste est tout aussi inquiétante. Comme les pires concessions politiques, elle part d'un bon sentiment – permettre aux musulmans l'expression publique de leur foi – et d'un juste combat – refuser l'islamophobie sourde qui gagne le pays. En considérant que céder un peu, c'est intégrer mieux, cette école de la tolérance reprend la lutte ancienne du droit à la différence, et considère que la République doit faire une part du chemin, s'accommoder de certaines revendications religieuses. Benoît Hamon est à la lisière de ce camp-là, qu'il se défend de soutenir vraiment, et très éloigné de la laïcité d'airain qui fut longtemps un pilier du socialisme. Quand il explique, avec une maladresse avouée, qu'un café de Sevran est interdit aux femmes par machisme ouvrier plus que par sexisme religieux, il se place à la fois à rebours de l'évidence et en rupture avec l'histoire de son parti, intransigeant quant aux droits des femmes. Face au christianisme affiché de François Fillon et à la puissance du courant identitaire qui traverse toutes les droites, cette souplesse sera-t-elle une force ou une faiblesse pour le candidat socialiste ? Élu de Trappes, il vise clairement l'électorat des cités et les voix de la France musulmane, sans que l'on puisse faire la part de l'opportunisme électoral et celle de la tentation communautariste. Cette vérité de Hamon devra être éclaircie avant le 23 avril.

* * *

Benoît Brisefer de la primaire, remportée avec plus de 58 % des voix, Hamon a non seulement terrassé tous ses adversaires, mais il a surtout brisé nombre de dogmes du PS. La foi dans le travail, dignité de l'homme, moteur de l'économie et garantie du progrès social ; l'attachement à la laïcité, condition de la République une et indivisible ; le soutien à l'Europe, assurance pour la paix. S'il garde sa ligne durant la campagne présidentielle, il arrachera peut-être quelques brassées de voix à Jean-Luc Mélenchon, mais il ne parviendra pas à convaincre les 18 millions de Français nécessaires pour l'emporter au second tour. S'il échoue au premier tour, mais réussit à atteindre la troisième place, il prendra la tête du Parti socialiste et dirigera une opposition à l'anglaise, radicalisée et donc privée d'un espoir rapide de retour au pouvoir. S'il est éliminé au soir du 23 avril, avec un score inférieur à 10 %, il incarnera la fin du socialisme, l'ultime avatar de cette gauche bâtie en 1971 pour rompre avec le capitalisme et morte en 2017 en proposant de dépasser l'économie industrielle. Benoît Hamon, comme Gaston Defferre lors de la présidentielle de 1969, a toutes les chances d'être celui qui éteint la lumière.

Portrait 7

Jean-Luc Mélenchon : Zapata ou Zavatta ?

Le lundi 9 janvier 2017, dans la loge d'un studio de télévision, Jean-Luc Mélenchon tombe sur *Le Parisien* du week-end, qui annonce en une que le complément d'objet direct sera bientôt remplacé par le « prédicat », et titre : « La fin de la grammaire ». La nouvelle met hors de lui le candidat de La France insoumise : « C'est scandaleux ! Ils n'ont rien compris : la France est un pays de culture cumulative. » Ainsi est-il, attaché à des traditions qui lui semblent inhérentes à l'identité française, prêt à ferrailler pour une certaine idée de la culture, désuet dans certaines de ses convictions comme il l'est dans son expression. Ces emportements de mousquetaire le rendent éminemment sympathique et enrobent la déraison de son programme dans une authenticité roborative. À sa première candidature présidentielle, en 2012, Jean-Luc Mélenchon est comme un chien dans un jeu de quilles ; à sa deuxième tentative, il est une quille, et pas la plus petite. Et peut-être est-il encore le chien…

Persuadé que le PS est mort et que son candidat n'atteindra pas la barre des 10 % des suffrages au premier tour, Mélenchon rêve, en ce début d'année, d'un débat avec Emmanuel Macron, avant la primaire de gauche, pour achever le blessé socialiste. À eux deux, ils peuvent prouver que toute la gauche est couverte, des sociaux-libéraux aux communistes, et qu'il est donc inutile de s'intéresser à un éventuel prétendant social-démocrate. « Pourquoi dites-vous la primaire de *la* gauche ? ajoute-t-il. Elle concerne à peine un tiers de la gauche, le reste est chez moi et chez Macron – mais est-ce de la gauche ? » Rome n'est plus dans Rome, elle est où « Méluche » se tient.

* * *

En cinq ans, Jean-Luc Mélenchon est devenu malin. Le candidat de 2012, tout en invectives contre ses concurrents, les médias ou le « système », est tout en manigances en 2017. Le 14 avril, il y a cinq ans, devant une foule immense réunie sur la plage à Marseille, Mélenchon prononce un vibrant hommage à l'immigration, fusionnant les deux rives de la Méditerranée dans une envolée qui réjouirait Trotski. Le résultat est une chute rapide dans les intentions de vote, l'électorat populaire étant peu amène à l'égard des immigrés, selon la vieille règle du « dernier arrivé qui veut fermer la porte derrière lui ». Et c'est Marine Le Pen qui récupère les voix de ces déclassés effrayés par l'internationalisme hospitalier du candidat du Front de gauche. Cinq ans après, ce dernier affiche une ligne dure à l'égard des migrants, vante les frontières et teinte de patriotisme social son programme économique. Le 9 janvier 2017,

Mélenchon va plus loin et marque une solidarité assumée à l'égard du Front national en s'émouvant de ses difficultés à financer sa campagne présidentielle. Pour mieux enrober ce soutien inattendu, il explique que les banquiers n'ont aucune morale dans les affaires et ne doivent pas en avoir plus pour les prêts aux formations politiques : Le Pen est assurée de dépasser le seuil de 5 % des suffrages exprimés qui permet d'obtenir le remboursement par l'État de la moitié des dépenses électorales, lui avancer de l'argent est donc sans risque. Jean-Luc Mélenchon, *off the record*, ne dissimule pas sa manœuvre : il s'agit de flatter l'électorat lepéniste. « Quand je vais grimper dans les sondages, à un moment, les électeurs de Le Pen vont considérer qu'il y a mieux pour eux que l'extrême droite. »

Il applique cette forme de triangulation à tous les adversaires qui possèdent des couches populaires dans leur portefeuille électoral. En meeting à Tourcoing, il fait applaudir le maire, qui a permis une prise de parole supplémentaire en plein air, devant le théâtre bondé où se tient la réunion. L'édile est Gérald Darmanin, porte-parole de Nicolas Sarkozy pendant la primaire de la droite et du centre, et proche de Xavier Bertrand, le président très « social » de la région des Hauts-de-France. Les rivaux de Jean-Luc Mélenchon auprès du peuple sont devenus de potentiels pourvoyeurs de suffrages, et c'est pour cela qu'il les ménage plus qu'il ne les attaque. Il est une condition pour que fonctionne, à un moment, l'effet de « vases communicants » : que le candidat de La France insoumise monte dans les sondages.

* * *

Afin de grimper dans les études d'opinion, Mélenchon cherche donc à être vu, et le même changement de stratégie guide la relation aux médias de celui qui est passé de la morsure au bisou. En 2012, il défraie la chronique et enflamme les réseaux sociaux en traitant de « petite cervelle » un stagiaire du *Parisien* et en qualifiant sa profession de « pourrie » ; il menace un journaliste d'évoquer le passé politique de sa famille et agresse un jury de journalistes qui vient de lui remettre un prix. En 2017, il redouble de politesse, remercie une télévision d'avoir retransmis l'intégralité de l'un de ses meetings, parle cuisine avec les uns, littérature avec les autres et passe des heures à nourrir sa chaîne YouTube – n'est-il pas au bout du compte un collègue pour les journalistes ? Le 11 janvier, Jean-Luc Mélenchon cherche à me joindre d'urgence. Je devine l'objet de cet empressement : depuis quarante-huit heures, je combats sur les plateaux de télévision sa dernière idée saugrenue – financer la retraite à 60 ans par une augmentation salariale immédiate de toutes les femmes, afin de dégager des cotisations complémentaires. Lâchement, je lui téléphone un peu avant minuit, comptant sur le sommeil du révolutionnaire… mais il décroche : « Mon cher Christophe, je tenais à vous prévenir, je vous ai fait siffler ce soir pendant mon meeting au Mans. J'ai exposé votre point de vue, il y a eu une bronca, mais je leur ai dit que c'était votre opinion et que vous aviez le courage de l'assumer. Je crains néanmoins qu'ils ne se déchaînent sur Twitter et je tenais à ce que vous sachiez qu'il ne s'agit pas d'un mot d'ordre ou d'un hallali. Je suis vraiment désolé. » Je me souviens alors du même Jean-Luc Mélenchon, en 2012, me lançant : « Vous, vous n'êtes qu'un petit fasciste parfumé ! » Depuis saint Paul, persécuteur de chrétiens mué en apôtre, on n'a point vu de conversion plus spectaculaire…

La ficelle est un peu grosse et, là encore, il s'agit de stratégie. Quelque temps plus tôt, tout miel et tout sucre, il me lance : « Je dois vous remercier parce que vous m'avez rendu service. Un jour, vous avez dit à l'antenne : « Pourquoi Mélenchon fait-il la guerre aux médias ? On ne peut pas gagner contre les médias. » J'ai réfléchi, je me suis dit que vous aviez raison, puis j'ai réfléchi encore et j'ai trouvé comment gagner la guerre contre les médias… » Ne pouvant les battre en les affrontant, Jean-Luc Mélenchon a décidé de circonvenir les journalistes, de les encercler, de les envahir par sa sollicitude et sa disponibilité. Puisqu'on ne peut être candidat contre les médias, il faut être le candidat des médias. Donald Trump n'a pas agi autrement, devenant indispensable aux *networks* qui le combattaient, apportant en guise d'offrandes de telles audiences qu'il n'était plus l'animal sacrifié, mais l'idole exposée. Trump se rend indispensable à des médias qui le détestent mais ne peuvent s'en passer, comme des drogués avec leur poudre. Mélenchon cajole des médias qui ne pensent pas comme lui mais apprécient son talent et goûtent le spectacle qui leur apporte de l'audience. Mélenchon n'en est pas au stade de Trump, et ne le sera jamais : il ne sera pas président de la République ; il demeure un second rôle dans le spectacle politique comme dans la compétition présidentielle – mais s'il est secondaire, il n'est plus marginal.

* * *

Ces manœuvres de contournement et autres tactiques de Sioux, amusantes et assez efficaces, sont partie prenante du populisme mélenchonien. Pour vendre une mauvaise idée, il faut l'emballer dans une bonne cause. Mélenchon enchâsse son populisme dans du consensus : il pratique le « consensulisme ». Ainsi transforme-t-il son dirigisme absolu en « planification écologique » et cache-t-il dans son programme de lutte contre la pauvreté le plafonnement totalitaire des revenus à 360 000 euros par an et dans l'indispensable égalité salariale hommes-femmes la suicidaire retraite à 60 ans pour tous. Au début de sa campagne, le candidat Mélenchon invente les « déboulés », des visites et des meetings improvisés en fonction de faits divers éloquents, telle la fausse-couche d'une salariée sur son lieu de travail, où on lui a refusé un congé adapté. Stratégie compassionnelle, détournement du particulier pour porter un message général : c'est exactement ce que pratiqua Nicolas Sarkozy, notamment dans le domaine de la sécurité. Cela donne l'impression à la fois de la proximité et d'une capacité à répondre à tous les problèmes qui surgissent. Là encore, cela signe le populisme : ne pas dire au peuple ce qu'il faut faire mais ce qu'il veut entendre sous le choc d'une émotion, tout en désignant les responsables du malheur arrivé – pour Nicolas Sarkozy, les juges laxistes face au meurtre d'un récidiviste, le patronat pour Jean-Luc Mélenchon face à un drame social, ou bien la mondialisation, ou bien l'Allemagne, ou bien Bruxelles.

* * *

La mutation du candidat révolutionnaire opère aussi dans ses modèles géopolitiques. En 2012, il ne jure que par Hugo Chavez, nouvelle icône de la fresque révolutionnaire d'Amérique du Sud. Quand son idole chute et que le Venezuela bascule dans la répression, il se cherche un autre mentor. Le syndicaliste devenu président Evo Morales, en Bolivie, lui plaît beaucoup : Morales, c'est Chavez moins la trique et plus la baisse du chômage. Mais ce petit pays montagnard est atypique et il est difficile de faire rêver Paris en vantant La Paz... Le vieux Fidel Castro, père de toute la gauche révolutionnaire sud-américaine, demeure une valeur refuge pratique, garantie en France par la complaisance nostalgique des soixante-huitards. À la mort du Lider Maximo, le 26 novembre 2016, Mélenchon s'emballe dans une harangue nocturne, devant la statue parisienne de Simon Bolivar. « Fidel a fait des erreurs, tout le monde fait des erreurs, mais tout le monde n'est pas Fidel. (…) Demain était une promesse tant que tu étais là, Fidel. (…) Voici la liberté dont Fidel était le serviteur, qui marche devant nous… » Il est des scènes où l'on se prend pour Emiliano Zapata alors que l'on ressemble à Achille Zavatta…

Le folklore suranné du *foco* guévariste, de la Sierra Madre mythique et de la *revolucion* avec accent hispanique n'est plus suffisant, non plus, pour soulever les foules occidentales. Ainsi, pendant tout le quinquennat de Hollande, Mélenchon s'accroche-t-il aux deux modèles européens de gauche radicale, partis de mouvements de rue pour prendre d'assaut les urnes : Syriza en Grèce et Podemos en Espagne sont, selon Mélenchon, des exemples à suivre, qui ont réussi à détruire ou miner les partis socialistes (Pasok et PSOE) afin de prendre leur place. Mais Alexis Tsipras, Premier ministre hellène, tombe de son piédestal quand il accepte les conditions financières de l'Europe, malgré un référendum gagné contre le plan de l'Union. Habileté ou trahison, Tsipras fait rejeter des mesures par son peuple afin d'être politiquement renforcé et de pouvoir négocier, puis accepter, des mesures plus rudes encore ! Un vrai

« social-traître », en quelque sorte. En Espagne, le mouvement des indignés mobilise, à partir du 15 mai 2011, des centaines de milliers de manifestants ; cette vague populaire chamboule le paysage politique et Podemos en profite, recyclant de vieilles figures du communisme ou attirant des jeunes, pour bâtir une force électorale. En Italie, le mouvement 5 Étoiles de Beppe Grillo est plus inclassable, mais il offre une même dénonciation des élites et le même parcours, de la mobilisation de rue à la performance électorale.

Pourquoi la France ne rejoint-elle pas cette mobilisation de l'Europe latine ? Pourquoi n'y a-t-il pas d'Indignés français ? Pourquoi le tardif mouvement Nuit debout, en 2016, ne dépasse-t-il pas le rassemblement idéaliste, bavard et un peu ridicule de poignées de jeunes ayant aussi peu le goût de l'effort qu'une aptitude au combat révolutionnaire ? La première explication est l'absence, en France, de véritable austérité. La solidité du modèle social et la gestion dépensière que choisissent, face à la crise, les gouvernements successifs de droite et de gauche évitent de jeter dans la précarité et donc dans la colère des millions de citoyens. Plus de déficits pour moins de manifestations : tel est le choix du pouvoir. La deuxième raison est l'absence de structuration politique de la jeunesse, partagée entre l'indifférence et l'envie de militer pour faire une carrière électorale. La troisième est l'incapacité personnelle de Jean-Luc Mélenchon à susciter et incarner cette colère d'un nouveau type. Issu du Parti socialiste, politicien à l'ancienne, la tête dans YouTube mais les pieds dans le trotskisme, il n'est pas du bon siècle. Y aurait-il, en France, un puissant mouvement de jeunesse ou de protestation sociale que Mélenchon et les siens seraient balayés avec les autres vieux partis. C'est parce qu'il n'y a pas eu d'Indignés ici, c'est parce qu'il y a encore des Pyrénées en matière de culture politique, que Jean-Luc Mélenchon est en mesure de se présenter à l'élection présidentielle et de revendiquer le quasi-monopole de la gauche radicale.

Depuis quelques mois, le candidat de La France insoumise – à défaut d'être indignée – a déniché une nouvelle star à épingler sur sa bannière : Bernie Sanders. Le candidat le plus à gauche de la primaire démocrate aux États-Unis a créé une grande surprise en donnant du fil à retordre à Hillary Clinton. Pour Mélenchon, c'est la preuve qu'une colère sociale s'écoule comme une rivière souterraine dans les tréfonds de toutes les démocraties occidentales, qu'il s'agit de canaliser pour la muer en torrent politique puis en geyser électoral. N'ayant pu être le Chavez français, il veut devenir le Sanders tricolore, et vampiriser ainsi, par une attitude plus altruiste que séditieuse, plus intellectuelle qu'activiste, l'électorat socialiste le plus à gauche. Mais entre le populisme nécessaire pour contrer Marine Le Pen et l'intellectualisme indispensable pour supplanter le candidat socialiste, Mélenchon s'écartèle dangereusement, et Jean-Luc le rouge venu du rose et repeint en vert risque de finir dans le bleu.

Interlude 3

Ce que François Hollande et François Mitterrand se sont dit le 8 janvier 2016

Jarnac, cimetière des Grands-Maisons,
8 janvier 2016, 11 heures

La voix de François Mitterrand : C'est quand même gentil d'être venu…

(Un temps.)

François Hollande : Y a quelqu'un ?

FM : Mais oui, y a quelqu'un ! Moi… Depuis vingt ans, dans ce caveau. Ne vous penchez pas, François, vous allez vous faire remarquer !

FH : Président ? C'est vous ???

FM : Eh oui… Je l'avais bien dit qu'il fallait croire aux forces de l'esprit. Je suis là, je vois tout, mais je ne parle qu'aux visiteurs de marque. Et seulement s'ils sont seuls ! Entre grands, on se fait confiance, je sais qu'ils n'iront pas raconter ça sur les réseaux sociaux. Vous voyez, je me tiens au courant…

FH : Entre grands…

FM : Oui. Pour vous, je fais une exception…

FH : Ah…

FM : Je plaisante, François ! Vous êtes président, vous faites partie du club. L'important, c'est d'être élu, n'est-ce pas ? Après, bien sûr, il y a ceux qui sont réélus…

FH : Et vous croyez que je serai réélu ?

FM : Non, François, vous ne serez pas réélu… En fait, vous ne serez même pas candidat, vous ne serez pas en position de l'être.

FH : Ah… C'est votre sentiment ou bien vous avez des informations sur ce qui va se passer ? On connaît le futur, quand on est… ?

FM : Pas du tout On ne nous dit rien, dans l'au-delà ! C'est très mal organisé. Impossible d'obtenir des écoutes. C'est à se demander s'il y a quelqu'un là-haut… Mais dans votre cas, pas besoin de lire l'avenir pour deviner que vous allez renoncer. C'est fini, François, fini.

FH : Mais pourquoi ? Je n'ai pas tout raté…

FM : Parce que vous avez oublié trois choses essentielles. D'abord, un président doit impressionner son peuple. Pas l'effrayer, l'impressionner. Avec vos cravates de travers, vos discours sous la pluie et vos apparitions rocambolesques à la télévision, vous avez tué la figure du président, pour faire peuple. Mais le président, c'était vous ! Et cette histoire de « président normal » ! Normal ? Normal, un président ? Mais ce doit être exceptionnel, un président ! Extraordinaire ! Surnaturel ! Divin ! Oui, en un mot : divin. Vous, vous avez voulu vous comporter comme un Français moyen et vous avez fini en président médiocre. Quand on prend de la hauteur, François, on peut toujours se pencher vers le peuple. Mais quand on fait du rase-mottes, on ne peut pas regarder l'horizon. Et puis le peuple est terrible. Si vous vous mêlez à lui, il vous dévore. Moi, même quand je n'étais rien, mes collaborateurs m'appelaient « Président », ça leur était naturel. Vous, même depuis que vous êtes élu, on vous appelle « François », je suis sûr.

FH : L'époque a changé, président, il faut être près des gens…

FM : Foutaises ! Vous avez joué à ça : résultat, tout le monde croit que vous vous moquez des pauvres, des « sans-dents ».

FH : Mais je n'ai jamais dit ça ! C'est Valérie qui…

FM : Je sais. Et c'est d'ailleurs votre deuxième erreur. Les femmes, François, les femmes… N'allez pas me dire que vous avez eu une vie plus compliquée que la mienne sur ce point, hein ? Mais il faut quand même les tenir à distance… Et jamais de gaudriole en public, voyons… Vous m'imaginez sur un scooter ?

FH : Il y avait moins de paparazzi à votre époque…

FM : Ne croyez pas ça ! La presse, ça se tient en respect ! Jamais *Closer* ne serait sorti avec moi, jamais ! Regardez Mazarine : pas une ligne pendant vingt ans ! Et quand j'ai voulu que le peuple apprenne son existence, en 1994, j'ai fait la une de

Match. Et on a arrêté immédiatement de me parler du livre de Péan, de Bousquet et de Vichy… Bien joué, non ?

FH : Aujourd'hui, les femmes sont plus libres qu'à votre époque, c'est moins facile de les…

FM : Ce n'est pas faux… Ségolène, notamment… Quel tempérament ! Pire que Danièle ! C'est d'ailleurs pour ça que je l'ai nommée au gouvernement : je savais qu'elle ne se laisserait pas marcher sur les pieds. Je n'ai pas été déçu… Mais Trierweiler, François, comment avez-vous pu ? Elle est charmante, je me souviens d'elle, mais tellement féroce ! Il fallait l'enfermer à l'Élysée.

FH : Impossible ! Et en plus, elle tweetait !

FM : En revanche, j'aime bien votre dernière conquête, la jeune actrice. Sourire doux. Blondeur parfaite. Regard de biche. Beaucoup de charme… Très française, un petit côté années quarante. Ah, si j'avais quatre-vingts ans de moins… Bon, ce n'est pas non plus Julia Roberts… Je me suis toujours demandé si c'étaient bien ses jambes, à l'écran, au début de *Pretty Woman*, ou si c'était une doublure… En tout cas, Julie, elle vous fiche la paix, au moins…

FH : Presque trop…

FM : Vous devriez peut-être y aller, François. Je vois le préfet qui regarde sa montre…

FH : Et ma troisième erreur, président ?

FM : La synthèse, François, la synthèse ! Qu'êtes-vous allé vous embarrasser avec cette manie de vouloir faire la synthèse à tout bout de champ ?

FH : Vous aussi, vous avez fait la synthèse ! Et souvent ! Même à Metz, en 1979, alors que le congrès avait été si violent.

FM : Pas du tout ! Je gagnais d'abord, puis je proposais une synthèse seulement si c'était mon intérêt. Une fois l'ennemi à terre, on peut se permettre d'être grand seigneur, pas avant ! Et les communistes, je leur ai proposé une synthèse, peut-être ? Le programme commun, c'était un brûlot collectiviste, mais c'est comme ça que je les ai piégés. Vous, vos synthèses, c'est de l'eau tiède… Vous m'avez tué mon PS, avec cette stratégie.

FH : J'évite les déchirements…

FM : Comme dans l'affaire Leonarda ? À ne vouloir fâcher personne, vous vous êtes mis tout le pays à dos !

FH : Alors, qu'est-ce qu'il faut faire ? Diviser son propre camp ?

FM : Le contraire de la synthèse, ce n'est pas la division, c'est le rassemblement. Vous dites ce que vous êtes, avec force, et les gens finissent par vous suivre, même si, a priori, ils ne partagent pas votre point de vue. Le rassemblement, c'est un moteur ; la synthèse, c'est un frein. Tenez ! Un exemple. Dans l'affaire de la peine de mort, avec une grosse moitié des Français pour et une petite moitié contre, la synthèse, c'était de couper le cou des condamnés à demi…

FH : Je vois… Je vais essayer de me rattraper. J'ai proposé la déchéance de nationalité, je vais m'accrocher. Et sur la loi Travail, pas question de composer, je vais rester ferme. Je vais faire du Mitterrand !

FM : Tout de même, il y a la manière… Il ne s'agit pas seulement de s'obstiner.

FH : Cette fois, je vais y aller, président. Ils doivent trouver bizarre que je reste si longtemps à parler tout seul devant votre caveau. Si les journalistes me voient, ça va faire un sacré buzz !

FM : Bonne chance, François ! Et courage pour ce soir… Le dîner avec tous les mitterrandiens, Badinter, Bianco, Mermaz… Vous n'allez pas beaucoup rigoler.

FH : J'ai invité Mazarine, aussi.

FM : Ah !… Mazarine… Je donnerais tant pour la serrer dans mes bras encore une fois…

FH : Je le ferai pour vous, si vous le permettez. Au revoir, président. À une prochaine fois !

FM : Le plus tard possible pour vous, j'espère… Choisissez bien votre cimetière, François. Ici, c'est affreux, tout est inondé dès qu'il tombe trois gouttes ; on l'appelle le cimetière des « mouille-cul »… J'aurais mieux fait d'insister pour le mont Beuvray, je serais au sec et j'aurais de la vue…

Allez, filez, et ne mourez pas trop vite, il y a une vie après la présidence.

FH : Oui, bien sûr…

(François Hollande s'éloigne ; un temps.)

FM : ‘bécile…

La fin de la gauche républicaine,

ou pourquoi Jean Jaurès se retourne

dans sa tombe

CHAPITRE 8

L'échéance de la déchéance
La fin de la gauche républicaine, ou pourquoi Jean Jaurès se retourne dans sa tombe

« Je n'ai qu'un seul regret, et je veux ici l'exprimer : c'est d'avoir proposé la déchéance de nationalité parce que je pensais qu'elle pouvait nous unir alors qu'elle nous a divisés. »

Il y a dans le quinquennat de François Hollande bien des mésaventures et une interminable ribambelle de maladresses. On cherche avec peine ce qui a vraiment fonctionné, articulant la volonté présidentielle, l'exécution politique et l'approbation populaire. Le « meilleur » du mandat, c'est ce que le président n'a ni prévu ni souhaité, c'est-à-dire les tragédies du terrorisme et les embardées géopolitiques, auxquelles il sut bien réagir. Mais dans le capharnaüm des ratés, un seul a donné une sorte de contrition, un mea culpa exprimé comme un regret et vécu comme un remords : la déchéance de nationalité. Quand il lance ce bricolage institutionnel, annoncé lors du Congrès réuni à Versailles le 16 novembre 2015, le président de la République s'adresse à des parlementaires et à une nation encore sous le choc des attentats du vendredi précédent. La prise d'otages du Bataclan, les mitraillages dans l'est de la capitale et l'explosion des kamikazes du Stade de France ont causé cent trente morts. Les heures qui ont suivi le drame marquent doublement François Hollande : d'un côté, les témoins des attentats réclament plus de fermeté, de répression ; de l'autre, les dirigeants de l'opposition ne s'abandonnent à aucune union nationale. C'est pourquoi le président considère qu'il faut une transgression politique, une initiative à la hauteur de la tragédie. « J'ai été très frappé, dans cette nuit du 13 au 14 novembre 2015, par les messages de proches que je recevais, et qui disaient : "Il faut être impitoyable, ce sont nos enfants qui ont été assassinés, c'est une atteinte à ce que nous avons de plus cher." Je pense que le pays pouvait basculer [1]. » Cette confidence de François Hollande à Gérard Davet et Fabrice Lhomme est éloquente. Le président a peur, non des attentats, mais d'un pays qui pourrait se livrer à des représailles spontanées ou se donner au lepénisme. La déchéance est là pour protéger les Français moins des terroristes que d'eux-mêmes, comme un exutoire inoffensif, une soupape en forme de symbole.

La déchéance de nationalité n'est pas une invention de François Hollande, elle existe depuis le XIXe siècle, a été modernisée à plusieurs reprises –

1. *Un président ne devrait pas dire ça…*, *op. cit.*, p. 576.

notamment en 1996, pour intégrer les actes terroristes – et sert presque tous les ans, pour quelques cas particuliers ; chaque fois, elle frappe des Français ayant acquis leur nationalité par naturalisation depuis moins de dix ans (moins de quinze pour les actes terroristes). En quelque sorte, elle sanctionne l'échec d'une « période d'essai » comme français. La réforme proposée par Hollande n'est donc qu'une extension de la déchéance aux binationaux qui sont nés français et n'ont donc pas été naturalisés, ainsi qu'à ceux qui l'ont été depuis plus de quinze ans. Le 16 novembre 2015, le président pèse et mâche ses mots : « La déchéance de nationalité ne doit pas avoir pour résultat de rendre quelqu'un apatride, mais nous devons pouvoir déchoir de sa nationalité française un individu condamné pour une atteinte aux intérêts fondamentaux de la nation ou un acte de terrorisme, même s'il est né français, je dis bien "même s'il est né français", dès lors qu'il bénéficie d'une autre nationalité. » Cette mesure, chacun en convient, y compris le président, n'a aucun impact sur la lutte antiterroriste, ceux qui sont prêts à mourir dans une attaque-suicide se fichant bien de perdre leur passeport ; elle n'est ni dissuasive ni directement répressive, puisqu'elle s'appliquera aux terroristes à la fin de l'exécution de leur peine – soit quelques personnes par an au maximum. C'est donc bien le symbole que recherche le pouvoir : puisque les tueurs ont frappé des innocents uniquement parce qu'ils étaient français, eux-mêmes ne peuvent le demeurer s'ils le sont – « pas de nationalité pour les ennemis de la nationalité », pourrait-on dire en paraphrasant Saint-Just. Le Congrès est debout, l'ovation est belle, et *La Marseillaise* entonnée dans l'unanimité semble signifier que sera adoptée sans peine la révision de la Constitution qui va, d'un côté, donner corps juridique à l'état d'urgence et, de l'autre, modifier l'article 3 alinéa 1 pour y introduire la déchéance de nationalité.

* * *

François Hollande commet ici une erreur tactique, une faute politique et une offense morale.

L'erreur tactique est de croire qu'il investit par ce geste un territoire de la droite, une chasse gardée de Nicolas Sarkozy. Le 21 juillet 2010, le président de la République prononce un discours important à Grenoble, où la mort d'un braqueur de casino, réfugié dans une cité et tué par la police, a entraîné quelques nuits d'émeute. « La nationalité française doit pouvoir être retirée à toute personne d'origine étrangère qui aurait volontairement porté atteinte à la vie d'un fonctionnaire de police ou d'un militaire de la gendarmerie, ou de toute autre personne dépositaire de l'autorité publique. » Prononcées lors de l'installation du nouveau préfet – son prédécesseur a sauté à cause des incidents – les paroles de Nicolas Sarkozy sonnent, a posteriori, comme le lancement de la campagne très droitière qu'il va mener vingt mois plus tard. L'homme qui a réformé en 2003 la double peine (tout étranger condamné pour crime pouvait en sus être frappé d'interdiction de séjour et expulsé après avoir purgé sa peine) en crée une nouvelle, qui annule une naturalisation ou une acquisition automatique de nationalité. La proposition soulève une polémique en France, jusque dans les rangs de la droite elle-même, et à l'étranger, jusqu'au Vatican. Elle semble surtout impertinente : si les policiers et les gendarmes sont ainsi « sanctuarisés », ne faut-il pas en faire de même pour les pompiers, les infirmières ou les instituteurs ? Et pourquoi les chauffeurs de taxi, les dentistes, les journalistes ou les coiffeurs pourraient-ils, eux, être agressés par un Français d'origine étrangère sans que celui-ci perde le droit de demeurer leur concitoyen ?

Reprendre à son compte la déchéance de nationalité, c'est, pour un président de gauche, une transgression majeure, même si cela advient après des vagues de terreur islamiste et même si les crimes concernés sont limités, à la demande du Conseil d'État, aux atteintes à la nation, non à des individus précis. François Hollande, sans nul doute sincère, assure qu'il cherche ainsi à garantir l'unité du pays : « Moi, je n'ai pas été pour la déchéance. Je n'y suis pas favorable, mais j'étais prêt à faire cet acte, pour montrer que je reconnais tout le pays [1]. » Dans la réalité, qu'il le veuille ou non, il semble exécuter deux manœuvres électoralistes. La

1. *Ibid*, p. 588.

première au sein du Congrès : pour que les parlementaires de droite, indispensables à la majorité des trois cinquièmes requise, votent la révision de la Constitution que souhaite le président, avec inscription de l'état d'urgence, la déchéance leur est offerte. La seconde dans l'opinion : en allant aussi loin dans la symbolique sécuritaire, François Hollande, appuyé sur un Premier ministre réputé ferme, Manuel Valls, « triangule », c'est-à-dire qu'il s'adresse aux électeurs de ses opposants, qu'il cherche une crédibilité et une approbation dans la France de droite.

Le dimanche 15 novembre 2015, avant midi, François Hollande reçoit Nicolas Sarkozy à l'Élysée – comme il le fait à ce moment-là avec les chefs des principaux partis, un par un. Loin de l'union nationale cultivée après « Charlie », Sarkozy exige, péremptoire, la démission de Christiane Taubira et l'emprisonnement préventif de tous les fichés S, ces individus suspectés pour certains de radicalisation dangereuse. Au déjeuner qui suit, avec Ségolène Royal et leurs quatre enfants, le président est marqué par la dureté du chef de la droite [1] : a-t-il voulu faire une concession à une opposition dont il a besoin au Congrès, tout en lui coupant l'herbe sous le pied à dix-huit mois de la présidentielle ?

Cette tenaille d'habileté se referme sur son auteur, qui perd sur les deux fronts qu'il a ouverts,

1. *Conversations privées avec le président*, *op. cit.*, p. 125.

face à la droite et face à l'opinion, par ce mouvement idéologique. S'il était volontaire, c'est un échec ; s'il était involontaire, c'est une bourde. À jouer avec Sarkozy à malin, malin et demi, Hollande n'a rien gagné : il détruit alors, sans s'en rendre compte, ses dernières chances d'être le candidat incontournable de la gauche en 2017. Tout juste peut-il aujourd'hui se consoler en pensant que cet épisode a radicalisé un peu plus son adversaire de 2012, ce qui le poussera hors de la piste à l'automne suivant, lors de la primaire de droite.

Le camouflet subi par Hollande au bout du compte est d'autant plus idiot qu'une issue technique est proposée en cours de débat : remplacer la déchéance de nationalité par la « dégradation nationale », inventée et appliquée à la Libération pour sanctionner l'« indignité nationale » définissant des faits de collaboration – par souci de clémence, afin de ne pas condamner à mort automatiquement pour « intelligence avec l'ennemi » ! L'indignité, voilà la solution ! Le symbole est le même – le rattachement à l'Occupation est même plus infamant – et cela met un terme aux interrogations sur la stigmatisation des binationaux ou la création d'apatrides. Proposer l'indignité nationale, c'est permettre à la gauche d'approuver la démarche tout en plaçant la droite dans une situation compliquée : soutenir le président ou mener une surenchère des symboles un peu ridicule en s'accrochant à la déchéance promise. En dédaignant cette issue de secours, Hollande pèche-t-il par orgueil ou par bêtise ? La droite déroule son plan et profite de l'émoi de la gauche pour prendre en otage le président. Elle utilise le Sénat, où elle est majoritaire, pour rétablir le 17 mars 2016, en lieu et place de la version votée à l'Assemblée, le texte proposé le 23 décembre précédent en Conseil des ministres, et qui ne concerne que les binationaux – afin de ne pas créer d'apatrides. Quant à l'opinion, elle n'applaudit pas un président répressif, elle hue un chef qui n'a aucune autorité sur ses troupes et s'englue dans un débat qu'il a lui-même lancé. Un chef qui semble ne plus savoir faire de politique.

* * *

Car il y a aussi une faute politique dans l'affaire de la déchéance de nationalité. Hollande, d'abord, se déjuge lui-même, puisqu'en 2010 il avait considéré la déchéance proposée par Nicolas Sarkozy comme une « démarche attentatoire à la tradition républicaine » et comme une « atteinte intolérable aux principes constitutifs de la nation ». Ensuite, il ne tranche pas assez vite dans la querelle majeure qui oppose, une fois de plus, Manuel Valls et Christiane Taubira. Le lundi 21 décembre 2015, en Algérie, la garde des Sceaux annonce que la déchéance va être abandonnée ; le mercredi 23, la déchéance est adoptée par le Conseil des ministres. La démission de Taubira ce jour-là, et même son éviction dès le 21, relèvent de la bonne discipline. En n'osant trancher, Hollande montre sa faiblesse, une fois de plus. Il a voulu le beurre et l'argent du beurre, la déchéance et le maintien de Taubira, il n'aura ni l'un ni l'autre à la fin. Quand la garde des Sceaux finit par rendre son tablier, le 27 janvier 2016, le président n'apparaît pas autoritaire, mais lâché ; il n'est pas celui qui sanctionne, il est celui qu'on abandonne. La moitié de l'opinion lui reproche d'avoir poussé Taubira à partir, l'autre moitié de ne l'avoir pas limogée plus vite.

François Hollande transforme tout événement en affaiblissement.

La facture politique de la déchéance ne se limite pas au départ de la flamboyante ministre de la Justice. Dans une grande partie de l'électorat de gauche, le président est désormais délégitimé. « Honnêtement, sur le papier, on est mort de chez mort [1]. » Selon Antonin André et Karim Rissouli, ainsi s'exprime Vincent Feltesse, conseiller politique à l'Élysée, le jour où François Hollande annonce en personne l'abandon de la déchéance de nationalité. Ceux qui la souhaitaient lui en voudront de l'avoir laissé tomber – mais ils étaient presque tous de droite ; ceux qui ne la souhaitaient pas lui en voudront de l'avoir proposée – et ils étaient presque tous de gauche. François Hollande

1. *Ibid*, p. 138.

a oublié l'application d'une règle simple en politique : il ne faut pas avoir plus à perdre en perdant qu'à gagner en gagnant. Imposer la déchéance de nationalité ne lui aurait rapporté quasiment aucune voix nouvelle issue de la France de droite ; renoncer à la déchéance de nationalité ne lui ramène pas tous les Français que cette proposition a fâchés. Une partie non négligeable de la gauche ne pardonne pas à François Hollande l'incartade de la déchéance. Ce fait majeur est l'« arc de défaite » sous lequel s'avance le président pour entrer dans l'impasse qui le mènera à renoncer à se représenter. Parce que derrière la faute politique, il y a une offense morale.

* * *

L'infernale dialectique de la déchéance est insoluble. Si elle ne concerne que les binationaux, qu'ils soient nés français ou aient acquis plus tard la nationalité, elle stigmatise cette population, lui donnant l'impression qu'elle est soupçonnée de dérive terroriste. Tout Franco-Tunisien, ou Franco-Turc, ou Franco-Algérien, ou Franco-Libanais, ou Franco-Soudanais apparaît comme un terroriste en puissance, qu'il s'agit de décourager par la menace d'une honte et d'un abandon. Les Franco-Suisses ou les Franco-Suédois, également concernés, en souriront. C'est donc une sorte de délit de faciès qui s'avance sous le masque de la déchéance. D'évidence, la binationalité est le détour par lequel on vise l'islam sans le nommer. Tout Français musulman est suspect de pouvoir être demain salafiste et après-demain djihadiste ; comme nombre de Français adeptes de l'islam ont hérité d'une autre nationalité, frapper au passeport permet de cacher qu'on vise le Coran. Si l'accusation est exagérée et injuste, elle ne peut être contestée : l'inspiration de Hollande est sans nul doute saine, l'application des mesures qu'il veut prendre, par les gouvernements de demain et d'après-demain, n'est pas garantie. La déchéance porte en filigrane une discrimination.

C'est là une première entorse à un principe républicain : nul ne peut être inquiété pour ses croyances.

C'est pourquoi la discussion à l'Assemblée modifie la formulation prévue et supprime toute allusion aux binationaux. Un nouveau risque, une nouvelle trahison surgissent alors : si l'on déchoit de sa nationalité un individu qui n'est que français, on crée un apatride, jeté dans une errance géographique et juridique. Lâchement, les partisans de la limitation aux binationaux omettaient de songer à la réaction de l'autre pays concerné : si un Franco-Tunisien est déchu de la nationalité française parce qu'il a été convaincu de terrorisme, la Tunisie va le déchoir de même, ne souhaitant pas accueillir une brebis galeuse, et il deviendra apatride. Il en sera de même pour la plupart des pays concernés, sauf ceux qui approuvent officiellement ou officieusement les menées terroristes et honoreront le djihadiste à sa sortie des geôles occidentales. Ce serait un comble de voir un terroriste fêté dans son autre patrie parce qu'il aura été expulsé par la France quelques années après y avoir commis des attentats ! Fabriquer un apatride ou un héros maléfique, tel serait le résultat de la déchéance limitée aux binationaux. En y adjoignant les « Franco-Français », on ne supprime pas le risque : quelle humiliation frapperait la France si l'un de ses ressortissants, jeté dans l'apatridie, était adopté et naturalisé par un État terroriste, doté d'un passeport par ce pays afin de le remercier d'avoir porté une « atteinte grave à la vie de la nation » française !

Créer des apatrides est indigne de la République. Si certains de ses enfants choisissent la voie du mal, la France doit assumer cette catastrophe et régler ce problème, en les mettant hors d'état de nuire. Se débarrasser, à la charge du reste de l'humanité, d'individus aussi dangereux, c'est pour un État perdre le sens de la responsabilité et pour une nation perdre celui de la solidarité.

C'est là une deuxième incartade à un principe républicain : la France, celle de Danton, de Napoléon, de Gambetta et de De Gaulle, ne se défausse pas.

Par ailleurs, la définition même du crime ou du délit susceptible d'entraîner, en plus d'une peine, la déchéance de nationalité est floue. Partir combattre au service de l'État islamique, ou organiser un attentat, c'est d'évidence une « atteinte grave à la vie de la nation ». En est-il de même pour l'endoctrinement de jeunes qui décident ensuite de partir pour le « pays de Châm » ? Et pour ceux qui fréquentent assidûment les sites islamistes ou se délectent de vidéos de décapitation ? Et pour celles qui défient la loi sur le voile et cherchent à radicaliser la communauté musulmane par de telles provocations ? L'application de la déchéance par le juge pénal donnerait lieu à des polémiques sur son usage excessif ou laxiste, décrédibilisant un peu plus cette mesure. Et si un jeune Français commet des attentats loin de son pays, porte-t-il une « atteinte grave à la vie de la nation » ? Tuer des Allemands ou des Brésiliens chez eux mérite-t-il d'entraîner la déchéance de la nationalité française ou simplement un long séjour en prison ? Garder sa nationalité à celui qui a frappé loin de la France et l'enlever au terroriste « domestique », c'est installer une discrimination parmi les cibles, c'est adopter un cours flottant pour le prix du sang.

C'est là une troisième incartade à un principe républicain : la justice ne saurait indexer sa sévérité sur la nature des victimes.

* * *

Quel que soit le bout par lequel on l'attrape, la déchéance de nationalité est indéfendable. Calcul électoral, elle est pitoyable ; transgression politique, elle est sacrilège ; mutation morale, elle est antirépublicaine. Une législation répressive inefficace contre les ennemis de la nation qu'elle est censée viser et préjudiciable aux principes républicains : n'est-ce pas la définition même d'une « loi scélérate » ? Un an après le fiasco de cette « opération déchéance », on a encore du mal à imaginer comment un président présumé intelligent a pu tomber dans un piège aussi grossier, aussi évident ; comment un dirigeant de gauche a pu s'éloigner ainsi des valeurs républicaines. Après 1981, il y eut les déçus du mitterrandisme ; l'Histoire retiendra qu'après 2012 on a failli avoir les déchus du hollandisme.

Le président de la République le sait, qui a donc confessé cet unique péché lors de son allocution de renoncement. Pourtant, dans toutes les confidences cueillies à chaud par les journalistes dont il aime tant la compagnie, à aucun moment ne perce le moindre doute sur la validité morale et la légitimité politique de ce qui est tenté. Non seulement François Hollande s'enfonce irrémédiablement dans les sables mouvants, mais il est persuadé d'avancer sur la terre ferme, et dans la bonne direction ! Après Taubira, Macron, Valls, Cazeneuve, même, ont signalé le danger. Alors ministre des Outre-Mer, George Pau-Langevin a aussi pris la parole pour exposer son scepticisme lors du fameux Conseil des ministres du 23 décembre 2015. Hollande n'est certes pas seul, soutenu par quelques ministres et de nombreux parlementaires – 162 députés votent la déchéance –, mais il est solitaire.

Comme dans l'affaire Leonarda, mais avec une plus grande déflagration, la gauche ne sait plus où est le bien, où est le mal. Dans le brouillard idéologique, ses élites errent et s'entrechoquent, elles ne voient plus la frontière entre valeurs intangibles et traditions obsolètes. Parce que le nouveau siècle est trop complexe pour elle, la gauche ne mesure pas jusqu'où il faut composer avec la modernité, elle ne distingue pas l'adaptation du reniement, ni l'audace de l'apostasie, ni le pas en avant du demi-tour.

Cette gauche désorientée a en François Hollande un pilote à son image, qui affronte le grand large en naviguant comme un caboteur. Jamais autant que dans l'affaire de la déchéance il n'aura ressemblé à un « capitaine de pédalo », surnom que lui épingla Jean-Luc Mélenchon en 2011, mais un pédalo lancé dans les quarantièmes rugissants. Cela ne pouvait finir que par un naufrage. Mais ce n'est pas seulement un homme politique et une carrière qui sombrent le jeudi 1er décembre 2016, c'est toute une gauche qui a su, pendant plus d'un siècle, associer le patriotisme et l'internationalisme, la fierté nationale et la responsabilité du genre humain. Soudain, elle trahit la pensée de Jean Jaurès, qui écrit dans *Socialisme et Liberté*, en 1898, à propos de la patrie : « Non, elle n'est pas au-dessus de la discussion. Elle n'est pas au-dessus de la conscience. Elle n'est pas au-dessus de l'homme. Le jour où elle se tournerait contre les droits de l'homme, contre la liberté et la dignité de l'être humain, elle perdrait ses titres. »

L'affaire de la déchéance peut se résumer à cette faute : l'exécutif a failli affaiblir les droits de l'individu, fût-il criminel, en prétendant protéger la patrie. C'était fallacieux, c'était infondé, c'était fatal.

Portrait 8

Christiane Taubira : Aimé Césaire ou Compagnie créole ?

Christiane Taubira est sortie du pouvoir comme elle y est entrée : à bicyclette. Et elle fait bien, tant ce mode de locomotion lui convient, car le seul moyen de ne pas tomber, c'est d'avancer. En démonstration, le « taubirisme » fonctionne ; arrêté par le réel, il choit.

Christiane Taubira n'est pas une intellectuelle, c'est une lettrée – et c'est très différent. Au milieu des nuits de débats parlementaires ou sous le feu des questions au gouvernement, ses récitatifs font merveille, qui apportent dans l'hémicycle le plus beau français qui soit, celui des poètes, Aimé Césaire et René Char en tête. *Murmures à la jeunesse*, l'opuscule désordonné qu'elle publie peu après sa sortie du gouvernement, abonde en citations. Pas une interview, pas un discours où elle n'enchâsse dans ses phrases celles d'innombrables auteurs. Son éclectisme la mène à rapprocher chanteurs de variété et philosophes classiques, sociologues et chantres du combat anticolonial. La bicyclette transporte une bibliothèque sur son porte-bagages – et un exotisme parfois facile qui renvoie aux tubes de La Compagnie créole. À l'heure de la langue sèche des technocrates et des sentences « marketées » par les « dircoms », l'éloquence charnue et fleurie de Christiane Taubira est roborative. Avec ses éclats de rire, c'est ce talent qui rend la ministre de la Justice de François Hollande chaleureuse et populaire – parce que c'est la culture qui rend populaire, jamais la vulgarité. Combien de fois, confrontée à la bêtise aboyeuse de ses ennemis, dont les babines suintent parfois d'une goutte de machisme et d'un filet de racisme, apparaît-elle en garde des Sots plus que des Sceaux ?

« Au commencement était le verbe » : telle est la première loi de la politique, dont elle maîtrise articles, alinéas et amendements. Mais la deuxième est tout aussi implacable : « Et à la fin était le réel. » Or le réel défait presque toujours Christiane Taubira.

Ainsi, en août 2015, sa réforme de la procédure pénale est-elle mise en pièces par le Conseil constitutionnel, qui censure 27 de ses articles sur 39. Une faillite technique ahurissante, comme l'est le feuilleton cocasse des prises de bec au sein de son cabinet, dont elle épuise les membres, prompts à quitter le navire. De même, sa politique carcérale est mise en échec, puisqu'elle ne parvient ni à améliorer les conditions de détention, ni à augmenter vraiment le nombre de places disponibles, ni à redorer l'image désastreuse de la France des prisons, ni surtout à changer la philosophie de la privation de liberté : il s'agit toujours de « surveiller et punir », fort peu de remettre sur le droit chemin et de préparer à la réinsertion. Même sa gestion des détenus islamistes est un échec, car leur déradicalisation est aussi inefficace que leur regroupement est contre-performant. Les bonnes intentions, alors, se retournent contre elle, et l'humanisme devient laxisme quand l'écoute se fait immobilisme.

En 2001, députée de Guyane, elle porte et fait adopter une loi qui instaure l'esclavagisme en crime contre l'humanité. Texte salutaire, qui pourtant va servir d'appui à deux abus. Le premier est une nouvelle flambée de repentance, bien qu'aucune législation ne puisse être rétroactive : le crime contre l'humanité étant imprescriptible, la France doit réparer au bénéfice de leurs descendants les torts infligés aux esclaves de jadis ! Le second est une atteinte à la liberté de penser, quand l'historien Olivier Pétré-Grenouilleau établit l'importance de la traite intra-africaine comparée au commerce des négriers européens, et se retrouve accusé par la députée et par des collectifs antiracistes. Là encore, la bonne intention est à double tranchant – et c'est Christiane Taubira qui passe l'affûtoir…

Restent les deux roues de la bicyclette, avant et arrière : la loi instaurant le mariage pour tous et la démission à cause du projet sur la déchéance de nationalité. Le premier combat est historique, incontestable, mais marqué néanmoins par une témérité et une timidité.

La témérité est d'exiger un débat long, dans la société et au Parlement : l'opposition se refait une santé contre le « mariage homo », la rue s'en empare et la démocratie s'enfièvre. Si, aujourd'hui, la droite traditionaliste est en pleine forme, soutenant François Fillon ou Marion Maréchal-Le Pen, c'est parce que l'Élysée et la Place Vendôme jouent avec le feu en 2012. Passée en urgence dans la session extraordinaire de juillet, la loi sur le mariage pour tous n'aurait rencontré qu'une opposition symbolique. Retournés auprès de leurs militants pendant la campagne pour la présidence de l'UMP, à l'automne suivant, les dirigeants de la droite constatent combien et le texte et la ministre énervent leurs électeurs : désarçonnés par la défaite présidentielle, ils trouvent là un cheval à enfourcher pour lancer la bataille du quinquennat.

La timidité est de ne pas penser plus large, de ne pas constater l'obsolescence du mariage en mairie, où l'institution somme l'individu de se couler dans le moule bourgeois de la famille républicaine, usine à contribuables et, jadis, à soldats. À l'ère des divorces sans juge, de l'espérance de vie allongée et de la liberté de l'amour, il faut supprimer le mariage, et renvoyer tous les couples en quête de solennité, de stabilité et d'intérêts partagés vers l'univers contractuel et les études des notaires. Avec le mariage pour tous, Taubira est courageuse, elle n'est pas audacieuse ; elle est contemporaine, elle n'est pas moderne. « Contemporain est celui qui reçoit en plein visage le faisceau de ténèbres qui provient de son temps [1] », dit-elle, citant le philosophe italien Giorgio Agamben, dans une belle interview. Taubira attise les ténèbres. Être de gauche, égalitaire et libertaire, c'est supprimer le mariage en mairie.

Le 27 janvier 2016, la garde des Sceaux quitte le gouvernement pour protester contre le projet de loi prévoyant la déchéance de nationalité pour les terroristes français ou binationaux. Elle a raison sur le fond. Pourtant, cela signe un triple échec. D'abord, elle n'a pas su convaincre le président Hollande de renoncer à cette réforme – bien qu'elle ait annoncé son abandon, depuis l'Algérie, deux jours avant l'adoption en Conseil des ministres ! Ensuite, le renoncement final de Hollande, le 30 mars, ne lui permet pas de revenir au gouvernement – sa démission, si elle a servi à quelque chose, était donc kamikaze. Enfin, libre de toute discipline gouvernementale, elle pourrait tenter une aventure présidentielle, rassembler autour d'un projet égalitaire la gauche des frondeurs et celle de ses propres supporters. Or elle n'en fait rien, disparaît de l'arène et se contente de dispenser de loin en loin, non sans pertinence (ni citations…), son diagnostic sur la gauche, plus en médecin légiste qu'en chamane inventif.

1. *Le 1*, 11 janvier 2017.

Christiane Taubira refuse d'inventer la gauche qu'elle est censée incarner parce qu'elle sait que cette gauche n'existe pas, qu'elle est de l'ordre du rêve, au mieux de la pensée, et qu'elle fracasserait sa barque nuageuse sur les récifs de la réalité si elle s'aventurait sur la mer électorale pour voguer vers l'île du pouvoir. « J'observe que : je me présente en 2002, je suis coupable de l'échec de la gauche ; je ne me présente pas en 2017, je suis coupable du probable échec de la gauche [1] », réplique-t-elle avec humour. Elle qui a démissionné pour ne pas « livrer le monde aux assassins d'aube », la voici, spectatrice sarcastique et intelligible des derniers jours de la gauche, au milieu des « souffleteurs de crépuscule [2] ».

1. *Ibid.*
2. « Nouvelle bonté », poème d'Aimé Césaire.

INTERLUDE 4

Ce que François Hollande et Nicolas Sarkozy se sont dit le 23 novembre 2016

Mercredi 23 novembre 2016, 20 h 45,
Palais de l'Élysée

Nicolas Sarkozy : T'as changé l'écran ? Il est moins grand, non ?

François Hollande : Oui, mais il est meilleur, paraît-il. La « définition », je crois. J'y connais pas grand-chose, tu sais.

NS : Ça va commencer, non ?

FH : Oui, allume. C'est sur Canal ?

NS : BeIn.

FH : Ah, le Qatar…

NS : Eh oui, incontournables, les Qataris. Même toi, tu as fini par les apprécier.

FH : « Apprécier »… Faut pas exagérer. Les supporter, oui. La télécommande est juste derrière toi.

7e minute de jeu. Arsenal rate un but de justesse.

NS : C'est pas possible ! Mais où il est, Maxwell, sur ce coup-là ?

FH : Ça fait trois fois qu'il se fait déborder sur sa droite. On dirait toi avec Fillon…

NS : Moque-toi, moque-toi…

FH : Pas trop dur, quand même ?

NS : Bof… Pas plus qu'en 2012 quand tu m'as battu. Plus de soulagement que d'accablement. Et c'est bien moins violent qu'en 95, quand Balladur a été balayé par Chirac. J'ai vraiment cru qu'ils allaient me faire la peau. Deux ans après, je prenais le RPR…

FH : Alors, tu vas revenir ? Encore ?

NS : Non, cette fois, c'est bien fini. J'ai d'autres idées. Et puis j'ai rechargé mon programme de conférences. Tu sais combien je touche pour une heure ?

FH : 200 000. Tu me l'as déjà dit quand on est allés aux obsèques de Mandela.

NS : Tu te rends compte ? 200 boules pour une heure ! Tu fais traduire ton texte en anglais, tu le lis et tu réponds aux questions en français. Tranquille. T'as les meilleurs hôtels, tu voyages en business. On m'a même envoyé un jet une fois. Je te donnerai les coordonnées de mon agent.

FH : Que veux-tu que j'en fasse ? Tu sais, l'argent, j'aime pas tellement ça…

NS : Eh oh, tu vas pas me la refaire, celle-là ? T'as quand même pas ramé trente ans juste pour les dorures. On en reparlera quand tu seras battu par Fillon en mai. Au fait, tu vas y aller ?

FH : Il joue bien, le petit, là. Teigneux, malin…

NS : Tu parles de moi ?

FH : Non, de Verratti.

18e minute de jeu : but d'Edinson Cavani pour le PSG.

NS : Eh bien voilà ! Ça c'est du foot ! Le PSG, c'est quand même autre chose que ton Red Star, hein ?

FH : C'est pas pareil. Le Red Star, c'est populaire, c'est historique, c'est politique. C'est électoral, quoi. Et ils ont un type qui fait des hot-dogs canons.

NS : Donc, tu vas replonger ?

FH : Sais pas. Le match retour contre toi, ça m'excitait. La gauche m'aurait soutenu. On t'aurait balancé quelques affaires. On aurait fait des chouettes meetings. Et puis le débat télé, comme dernier round d'une carrière, c'était pas mal.

NS : Ça va être de ma faute, quoi…

FH : Pas seulement. Il y a cette fichue primaire que j'ai dû accepter. Ça m'emmerde, ce truc. Tu me vois débattre avec Pinel et Bennahmias ?

NS : Je me suis bien tapé Poisson et Copé.

FH : Justement, tu vois le résultat. Ça tire vers le bas. Et puis il y a Macron.

NS : Ça, il t'a bien planté, le petit. T'as rien vu venir.

FH : Il va finir à 4 %, mais 4 %, ça peut me faire louper le second tour.

NS : Alors, c'est non.

FH : J'ai pas dit ça. J'ai un bilan, quand même. Et puis Bayrou va y aller. Et Fillon va vite ennuyer tout le monde.

NS : Donc, tu vas y aller…

FH : J'ai pas dit ça non plus. Mais quand même, t'as vu les autres ? Tous des nuls, non ? Pas un qui m'arrive à la cheville. Tu veux pas grignoter quelque chose ?

45e minute de jeu : Giroud égalise sur penalty pour Arsenal.

NS : Aïe aïe aïe ! Au pire moment ! Juste avant la mi-temps ! Ça va les casser…

FH : Comme toi dans la primaire avec le livre de Buisson.

NS : C'était pas un penalty, c'était un tacle par-derrière !

FH : C'est quand même là que tu as décroché, non ?

NS : Tu sais, Buisson, c'est pas son livre qui m'a emmerdé, c'est plutôt qu'il ne fasse plus mes discours.

FH : Je sais bien que ça t'a rapporté des voix, mais tu peux quand même pas me dire que tu aimes cette droite-là. C'est rance, c'est haineux, c'est facho…

NS : C'est la France, coco ! Ouvre les yeux, mon François : les gens en ont marre de l'islam, marre des Arabes, marre des pauvres qui foutent rien et qui touchent des allocs.

FH : Arrête ! On dirait du Le Pen. Et le père, même !

NS : C'est « À droite toute ! », la France, depuis dix ans. Et même depuis le 11 septembre. Tu vas finir cinquième derrière Le Pen, Fillon, Macron et Mélenchon. Et peut-être même que tu seras derrière Bayrou ! Je te dis pas la honte pour toi. Comme final, c'est encore pire que Jospin en 2002…

FH : Si je me représente…

NS : Donc, tu n'y vas pas.

FH : J'ai pas dit ça…

NS : Qu'est-ce qu'elle en pense, Ségolène ?

FH : Pourquoi tu me parles d'elle ?

NS : Parce que c'est la seule que tu écoutes. Et elle est passée par là elle aussi, elle sait ce que c'est qu'une campagne galère, vu ce que je lui ai mis en 2007.

FH : Elle est contre. Elle pense comme toi, elle dit que je vais être humilié. Les enfants sont contre, eux aussi…

NS : Très important, ça, les enfants. J'aurais dû écouter les miens.

FH : Pourquoi tu l'as pas fait ?

NS : Parce que Carla a insisté. Elle voulait se venger des médias, de tous ceux qui nous ont craché dessus en 2012. De toi aussi, je crois…

FH : Eh oui, « le pingouin »… Je l'énerve, hein ?

NS : Et puis les voyages officiels, les cortèges de voitures, les réceptions, ça lui a toujours plu.

FH : Eh bien moi, ça ne me manquera pas…

NS : Donc, c'est non…

FH : Monte le son, le match reprend…

60e minute de jeu : Marco Verratti marque un but contre son camp.

NS : Je rêve ! Contre son camp ! C'est pas possible.

FH : Oui, on se croirait en politique…

NS : Sauf qu'en politique on le fait exprès. Là, c'est un coup de malchance. *(Un temps.)* Si tu n'y vas pas, ce sera Valls.

FH : C'est une question ou un pronostic ?

NS : C'est une certitude. Il a la légitimité du pouvoir.

FH : Pas sûr que ça pèse encore beaucoup. Et puis les socialistes ne l'aiment pas.

NS : Regarde Fillon : c'est parce que je l'ai laissé cinq ans à Matignon qu'il a gagné. Toi et moi, on n'a jamais été Premier ministre, alors que c'est là qu'on fait les choses. Et les gens s'en souviennent.

FH : Peut-être… En tout cas, si je n'y vais pas, ça va être une sacrée pétaudière, leur primaire.

NS : En même temps, ça fait longtemps que vous la repoussez, votre « clarification idéologique ». Valls contre Montebourg, c'est un vrai choix.

FH : C'est pas à droite que ça arriverait… Vous, quand un chef est désigné, tout le monde pense comme lui.

NS : Ce n'est peut-être pas très démocratique, mais au moins j'ai pas été emmerdé par des « frondeurs » quand j'étais président. Même les chiraquiens ont fini par me rallier.

FH : Les frondeurs, c'est rien. Des agités. Le pire, c'est d'être lâché par des gens qui te doivent tout.

Sans toi, Fillon n'était plus grand-chose après 2005…

NS : Et sans toi, Macron ferait encore des fusions-acquisitions chez Rothschild…

FH : Des ingrats, quand même…

NS : Si tu veux de la gratitude, élève des chiens. Où est ton labrador, au fait ?

FH : Je l'ai laissée chez des amis en Corrèze. Ici, elle bouffait les canapés. Le Mobilier national s'est plaint, il y en avait pour 30 000 euros.

NS : Presque aussi cher que ton coiffeur…

FH : Mais mille fois moins que ta campagne Bygmalion…

NS : Bien répliqué ! Un partout, match nul.

77e minute de jeu : égalisation du PSG grâce à un but contre son camp d'un défenseur d'Arsenal.

FH : Eh ben, tu vois ! Là aussi, ça va faire match nul !

NS : Encore un but contre son camp… Décidément…

FH : Faut jamais défendre, on finit toujours par craquer. L'attaque, l'attaque, l'attaque !

NS : Arrête, on dirait moi…

FH : C'est comme ça que je t'ai eu en 2012 : « Moi, président… »

NS : Ah, oui, ton amphore…

FH : Anaphore, pas amphore ! L'attaque !

(Un long silence.)

NS : Donc, tu vas te représenter…

FH : J'ai pas dit ça ! Mais un match se joue jusqu'à la dernière seconde. Et il peut toujours y avoir des prolongations.

NS : Sauf que là, ce n'est pas une équipe que tu as contre toi, c'est tout le public. Prêt à descendre sur le terrain pour te mettre la pâtée ! C'est plié, François. Soit tu renonces et tu sors par le haut, avec une fin de mandat pépère et une vie après, à l'international, par exemple. Soit tu insistes et tu seras tellement humilié qu'on ne retiendra que ça de ton mandat.

FH : Tu n'as pas tort, Nicolas. Tu n'as pas tort… Pourquoi il siffle, l'arbitre ? Y a une faute ?

NS : Non, c'est la fin du match.

FH : Déjà ?

CHAPITRE 9

Les cahiers au feu…
La fin de la gauche progressiste, ou pourquoi Jules Ferry ne ressuscitera pas

Trois ministres. Cinq réformes. Cinq erreurs. Avec l'école, la gauche fait de son mieux, mais l'on peut se demander si ce mieux n'est pas un pire. Au moins n'a-t-elle pas déserté ce domaine, dans lequel elle affiche ambitions réformatrices et responsabilité de civilisation. La gauche et l'école, entre 2012 et 2017, c'est beaucoup d'attention, de nombreuses actions, pas trop de manifestations, mais beaucoup de contestations…

Premier des ministres, première des réformes : Vincent Peillon et la modification des rythmes scolaires causent une immense polémique parmi les parents d'élèves et les élus locaux, dès avant l'été 2012. Faut-il vraiment abandonner la semaine de quatre jours et étaler l'activité des enfants sur neuf demi-journées ? La dispute pédagogique est intéressante, qui mêle l'étude des rythmes au vieux rêve français de faire une place plus importante aux disciplines artistiques et au sport. Si l'Allemagne produit autant de mélomanes et de footballeurs champions du monde, c'est sans doute grâce à ses rythmes scolaires. L'application administrative est affligeante, sorte de marche forcée qui provoque la résistance d'élus locaux entêtés et surtout pauvres – car c'est aux communes, avec une aide de l'État, d'employer les intervenants qui viennent animer les heures dégagées et assurer les « activités périscolaires ». Dans de nombreuses écoles, aux premiers temps de la réforme, l'initiative transforme les classes en garderies confiées à des intermittents du spectacle. Et tout cela s'organise dans le cadre d'un Projet éducatif territorial, appelé PEDT avec un « d » ajouté pour éviter le sigle « PET », qui pourrait signifier que cette réforme, c'est du vent... Le vocabulaire se venge toujours de l'idéologie.

Ce changement, à la mise en œuvre si polémique, dont les partisans ne manquent néanmoins pas d'arguments, éclaire l'un des maux de la gauche éducative : elle s'attache aux conditions de l'école plutôt qu'à son contenu, elle veille à ce que l'enseignement soit bien prodigué avant de se soucier qu'il soit bon. « La réforme des rythmes scolaires poursuit en premier lieu un objectif pédagogique, avoue le ministère. La réussite des enfants à l'école primaire dépend pour une part essentielle des conditions dans lesquelles se déroulent leurs apprentissages. » Pour ce qui est des contenus, le quinquennat de François Hollande voit passer les polémiques comme palombes en automne. Une réforme de l'orthographe, exhumée après avoir été enterrée, mort-née, en 1990, défraye la chronique au début de 2016. Elle permet notamment d'écrire « chauvesouris » au lieu de chauve-souris,

« nénufar » au lieu de nénuphar et « chateau » au lieu de château – seul un changement de sens sauve le circonflexe, comme pour foret et forêt, pale et pâle, mur et mûr. La guerre du petit chapeau a bien lieu, et le gouvernement doit battre en retraite : 2 400 mots ont ainsi la vie sauve… À la rentrée de 2016, Najat Vallaud-Belkacem, la ministre, signale donc que l'on écrit encore jeûne et jeune, mais c'est justement là une exception justifiée par le double sens : pour les circonflexes isolés, qui témoignent simplement de la présence, jadis, d'un « s », il y a fort à parier qu'une vaste décapitation aura lieu en catimini… Les réformateurs endiablés ne baissent d'ailleurs pas les bras, puisqu'au tout début de l'année 2017, ils ressuscitent un vieux terme grammatical, le « prédicat », pour remplacer les compléments d'objet direct et indirect. « La grammaire, oh ! quelle horrible vieille trompeuse », s'indignait Nietzsche. Les pédagos ont décidé de se faire la vieille…

Les règles ne sont pas des dogmes, et la science éducative a le droit d'améliorer ses méthodes et de refonder ses principes : le progrès existe aussi en pédagogie. Mais il est frappant de constater que la gauche, au pouvoir, ne sait pas organiser une saine et placide modernisation des méthodes, avec expérimentation, observation, évaluation, correction et généralisation éventuelle ; toujours, elle se fait déborder par les ultras du changement. Soit elle est persuadée qu'il faut laisser le champ libre aux militants de ces causes, qu'ils ont idéologiquement raison, soit elle ne veut pas les contenir parce qu'ils sont d'indéfectibles militants socialistes. Qu'il s'agisse d'une complicité intellectuelle ou d'une lâcheté électoraliste, le résultat est le même : c'est le pouvoir de gauche qui est mis en accusation pour défi au bon sens et qui, souvent, doit ruser ou céder. Le pédagogisme n'est plus, depuis le désastre de la « méthode globale » pour apprendre à lire, un atout dans le jeu programmatique du PS, c'est un épouvantail. Les parents ne veulent plus d'une éducation qui entend changer la société, ils exigent une école qui apprend d'abord les fondamentaux à leurs enfants et les mène ensuite vers l'emploi...

De nouvelles méthodes, de nouvelles pédagogies existent pourtant, innovantes et efficaces, qui garantissent les savoirs en même temps qu'elles épanouissent les enfants. Point besoin de remplacer le diptyque prétendument aliénant « maître-élève » par le duo assurément dément « sachant-apprenant ». D'habitude, les livres sur l'éducation qui se vendent le mieux, hors les guides pratiques, sont des pamphlets de droite contre les pédagos lobotomiseurs et l'usine à crétins que serait devenue l'Éducation nationale. Avec la rentrée 2016 et le succès de *Les Lois naturelles de l'enfant. La révolution de l'éducation*, signé Céline Alvarez, surgit un ouvrage qui ne réhabilite pas le laxisme soixante-huitard sans pour autant réclamer le retour au tableau noir. Est-ce le début d'une réflexion empirique et désidéologisée ? La gauche de demain a intérêt à puiser dans les expériences de terrain la sève qui pourra faire reverdir sa crédibilité fanée…

* * *

Une deuxième réforme engagée par Vincent Peillon prouve, encore plus que celle des rythmes scolaires, que la gauche se trompe de combat : la modification du décret de 1950 sur les heures d'enseignement hebdomadaire en collège et lycée pour les certifiés (18 heures) et les agrégés (15 heures). Derrière ce dépoussiérage se cachent un objectif noble et un méfait discret. Le but valeureux est l'attribution de moyens supplémentaires aux Zones d'éducation prioritaire. La mauvaise action est la multiplication prévisible des tâches des 6 000 professeurs de classes préparatoires, lesquels ne pourront pas se concentrer sur l'entraînement de leurs élèves en vue des rudes concours des grandes écoles – et devront abandonner notamment les « colles », formatrices pour les étudiants et rémunératrices pour les enseignants. En clair, la gauche, une fois de plus, outre qu'elle veut déshabiller Pierre pour habiller Paul, entend casser, affaiblir au moins, l'élitisme français.

Le système des grandes écoles est sans nul doute criblé de défauts, à commencer par son détournement en vue d'effectuer de la reproduction sociale. Quand les ministres de gauche entendent le nom de Bourdieu, ils retiennent toujours « Dieu » et jamais « bourde » – mais ils n'ont pas forcément tort. Le développement de l'information sur le système des classes préparatoires, le repérage d'élèves brillants en milieux difficiles, l'attribution de bourses, l'accompagnement intellectuel... Un arsenal doit être déployé pour que l'élitisme de la République soit aussi républicain qu'il est élitiste. Mais la gauche, trop souvent, avec Claude Allègre (pourtant lucide) en 1997 comme avec Vincent Peillon (pourtant philosophe) en 2013, préfère affaiblir l'élitisme au nom de l'égalitarisme républicain. Bien sûr, devant la mobilisation des établissements et des enseignants concernés – et de leurs réseaux –, le pouvoir cède et subit la double peine de la polémique et du recul, radicalisant ceux qui ne croient pas en lui et décevant ceux qui lui ont fait confiance.

* * *

Le malaise de la gauche face à l'élitisme explose en pleine lumière lors de la polémique du printemps de 2015 sur la réforme du collège et la suppression des classes « bilangues », qui permettent aux meilleurs élèves d'acquérir une excellence supplémentaire. C'est Bruno Le Maire qui monte au créneau, non sans flair, pour défendre « ce qui marche » et protester contre l'« uniformisation ». Najat Vallaud-Belkacem réplique en affichant une préférence pour plus de cours de langues, plus tôt dans la scolarité, pour plus d'élèves : dès la classe de cinquième, une seconde langue vivante pourra être abordée. Donner un peu à plus de monde ou bien offrir beaucoup à quelques-uns : l'exemple a l'avantage d'être binaire, donc éloquent. « Le saupoudrage ne sert à rien, mieux vaut investir vraiment sur les élèves les plus doués », disent les opposants à la réforme. « L'acquisition de langues étrangères est un droit pour tous et une nécessité, mieux vaut une large initiation qu'un ciblage injuste », répondent ses partisans. Par ailleurs, la gauche sait que l'inscription de leurs enfants dans une classe bilangue permet aux familles aisées de contourner la carte scolaire et d'entrer dans les meilleurs lycées : en supprimant ces classes, elle croit conforter la mixité sociale.

Le résultat, bien sûr, est tout autre. D'abord, devant la fronde, notamment celle des profs d'allemand, si bien organisés, le gouvernement recule et maintient en partie les classes bilangues ; en revanche, il persiste à diluer grec et latin, là encore pour en émousser la fonction élitaire ; il développe aussi des enseignements interdisciplinaires, « machins » sympathiques qui devront prouver leur utilité avec le temps, mais sont déjà critiqués pour leur pédagogisme et l'affaiblissement parallèle des savoirs fondamentaux. Au passage, pour une liaison malencontreuse à propos des « pseudo-z-intellectuels » mobilisés contre elle, la ministre, injustement, apparaît comme le produit de ce qu'elle préconise, à savoir une maîtrise approximative de l'essentiel au profit d'un accès superficiel d'à peu près tous à à peu près tout.

La gauche éducative se fourvoie depuis longtemps dans le nivellement par le bas, préférant baisser le niveau moyen pour augmenter les effectifs concernés, cherchant à aplatir la pyramide, pour que sa base s'élargisse, même si sa pointe perd de l'altitude. C'est le syndrome « 80 % d'une génération au niveau du bac » : le postulat démocratique, louable, se transforme en piège égalitariste. Si tout le monde a le baccalauréat, c'est que le bac « ne vaut plus rien », puisqu'il ne permet pas de se distinguer des voisins. Alors, d'autres critères permettent la sélection : le bac dans quel lycée, avec quelles options, avec quelles mentions, avec quelles participations au concours général ? Les familles « initiées » maîtrisent sans peine ces à-côtés qui permettent de grimper vite dans les études supérieures, les jeunes défavorisés se sentent dupés en constatant que le Graal promis n'est qu'un chiffon de papier. Alors croît la défiance envers l'école publique, qui fait le bonheur du privé : celui qui s'adresse aux plus riches et garantit l'escalade rapide vers les diplômes qui comptent ; celui, exemplaire, qui est soucieux d'utilité sociale et s'appuie sur l'exigence, la discipline, l'évaluation et l'effort. Le premier est bêtement darwinien, éliminant ceux qui « plombent » la moyenne des résultats du lycée ; le second est subtilement solidaire, qui permet à tous de progresser parce que les meilleurs ne sont pas entravés, et les moins bons jamais abandonnés.

Ici est le salut pour l'école publique et pour une pensée éducative de gauche : l'élitisme républicain croisé avec l'esprit du privé.

L'école doit demander aux élèves de se surpasser, de progresser, de multiplier les efforts. Elle doit les évaluer, les classer et distinguer ceux qui ont des capacités remarquables, afin de les aider à aller le plus haut possible. Ceux-là, quand ils ne sont pas favorisés par leur milieu familial, doivent être dotés d'une bourse suffisante, voire ôtés de leur milieu d'origine pour être dans les meilleures conditions possibles de réussite : cela s'appelle l'égalité des chances, aussi vertueuse que l'égalité des aboutissements est mortifère. La sélection est le seul vrai remède à la reproduction. Supprimer les notes et les concours, ce n'est pas protéger les plus faibles de l'humiliation, c'est camoufler les plus riches qui savent qu'une place les attend.

Quant à ceux qui n'ont pas les mêmes facilités, ils doivent être mis à l'abri du « décrochage » (ce que permet de plus en plus une politique bien menée par Luc Chatel, puis par les ministres du quinquennat Hollande) et orientés vers des métiers concrets. La République doit avoir le courage de la sélection et le souci de l'orientation, elle ne doit ni brider, ni abandonner. À vouloir entraver les meilleurs, la gauche décrédibilise toute l'école et jette dans la nature les plus faibles, sans qualification ni maîtrise de la langue, tandis que les rejetons des riches sont à l'abri dans des filières sécurisées.

Combattre l'élitisme au nom de l'égalité, c'est favoriser l'égoïsme et les inégalités.

* * *

L'affaire des redoublements montre à quel point le principe égalitaire aggrave la situation inégalitaire. Envisagée depuis longtemps, la limitation drastique des possibilités de passer deux années dans la même classe est mise en œuvre en septembre 2014 : « Cela fait des années qu'il est avéré que le redoublement est assez inefficace pédagogiquement parlant, qu'il est démotivant pour les élèves et par ailleurs qu'il est coûteux », assène Najat Vallaud-Belkacem, en trois affirmations étayées par le constat. L'essentiel, néanmoins, est que le remède ne soit pas pire que le mal. Si l'enfant qui n'a pas atteint le niveau requis en fin d'année passe dans la classe supérieure sans soutien massif pendant l'été et accompagnement attentif au trimestre suivant, il sombre rapidement et s'isole dans l'échec ; s'ils sont plusieurs dans ce cas et que l'enseignant s'adapte à leur retard, cela entraîne toute la classe vers le bas. À terme, la perte d'excellence collective est inévitable, avec des conséquences funestes : soit l'on regroupe les redoublants dans des classes sacrifiées ; soit on les répartit dans toutes les classes pour les emmener en petits groupes inoffensifs vers l'échec ; soit on fait baisser le niveau de la classe, donc de l'établissement, que quitteront vite les meilleurs éléments, pour gagner des institutions « sécurisées ».

L'égalitarisme niveleur de gauche, c'est : « Personne ne redouble, le système s'adapte » ; l'élitisme républicain de gauche, c'est : « Personne ne suit une classe sans en avoir le niveau, et l'institution s'en donne les moyens. »

Quand elle pense l'école ou s'en occupe, la gauche fait toujours preuve de bonne volonté – et c'est ce qui est parfois le plus inquiétant. Elle veut le bien du prochain, en un rousseauisme périlleux qui préfère que tous aient peu, pourvu que nul n'ait rien. Elle croit que distinguer, c'est écraser et que sélectionner, c'est éliminer. Elle commet ici deux fautes. D'abord, l'élitisme est consubstantiellement républicain, puisque dans un régime aristocratique, tout s'hérite, et que le mérite ne peut y mener bien haut. Pour amoindrir le poids de la naissance dans la balance du destin, il faut sans cesse sélectionner, distinguer et récompenser l'excellence issue du travail et du talent. Ensuite, elle oublie son devoir patriotique : doter la nation d'une catégorie de citoyens exceptionnels, qui permettront à la France de briller et de s'imposer dans tous les domaines. Par son hospitalité et son élitisme, la République a garanti depuis bientôt cent cinquante ans la grandeur du pays. Par son égalitarisme dogmatique et démagogique, la gauche conspire béatement au déclin national, sans améliorer, au contraire, la situation des plus faibles. Elle est prisonnière des effets pervers de ses conceptions pédagogiques. En fait, la gauche, en matière d'école, a trahi Jules Ferry au profit de Jean-Jacques Rousseau. Le premier a favorisé l'instruction des enfants pour assurer les progrès du pays ; le second n'avait de véritable intérêt pour aucun de ces deux objectifs.

Tout par l'excellence, rien par la naissance : telle devrait être la devise gravée par la gauche au fronton de ses écoles. Une devise que, par son parcours même, Najat Vallaud-Belkacem pourrait signer.

Portrait 9

Vincent Peillon : Spinoza ou Pangloss ?

Le jeune homme qui s'avance au centre de la tribune, ce 19 novembre 1994, ne devrait pas être autorisé à prendre la parole. En effet, les statuts du Parti socialiste imposent une certaine ancienneté avant de pouvoir signer et défendre une motion dans un congrès, et Vincent Peillon ne l'a pas encore accumulée quand il intervient au congrès de Liévin. S'il obtient une dérogation, c'est parce qu'il brille déjà par sa maturité et son approche historique et experte du socialisme ; mais c'est aussi parce qu'il bénéficie de la protection de Lionel Jospin, ancien premier secrétaire du PS.

Quelque temps avant de déposer sa motion, Peillon est allé chercher la caution de l'ancien ministre de l'Éducation : Jospin, c'est son mentor, celui qui est venu le recruter, alors qu'il n'était qu'un enseignant de base, pour l'aider à faire passer les réformes. « Jospin ne comprenait pas pourquoi ses décisions n'avaient jamais aucun impact sur le terrain », explique Peillon aujourd'hui. L'expérience tourne court, parce que Lionel Jospin est débarqué du gouvernement quand Pierre Bérégovoy arrive à Matignon, en avril 1992, et parce qu'il est battu aux législatives de mars 1993, mais Vincent Peillon demeure dans l'orbite jospinienne, en électron libre. Fils de banquier communiste et petit-fils de… Léon Blum (un homonyme, médecin !), Peillon a le pedigree idéal du socialiste parfait. Et socialiste, il l'est trois fois plutôt qu'une : par nature, par culture et par désinvolture.

Lionel Jospin lui-même rédige une contribution pour le congrès de Liévin (socle de son futur programme présidentiel), mais il ne veut pas se risquer à déposer une motion, laquelle, soumise au vote, mesurerait la véritable force du courant jospiniste, éparpillé. Peillon, lui, tente l'aventure d'une motion de témoignage, par laquelle il espère entrer dans les instances dirigeantes de la Rue de Solférino.

Venu chercher un *nihil obstat*, au minimum, auprès de Lionel Jospin, l'apprenti apparatchik est cueilli à froid par le fatalisme de son maître à penser : « Le parti, ça ne sert à rien, lui assène Jospin. Ce qui compte, c'est de gouverner. » « Pour moi, cet homme était une référence en matière de vie de parti. Son dépit m'a cloué sur place », témoigne Peillon vingt-deux ans plus tard, alors qu'il a décidé de concourir dans la primaire de la Belle Alliance populaire. La présidentielle ? Un prétexte pour celui qui a cessé toute vie politique ostentatoire depuis 2014 et n'est plus qu'un député européen peu assidu. Le véritable objectif de Peillon, c'est le parti. Être premier secrétaire du PS, quand on est comme lui un historien reconnu du socialisme, c'est comme devenir directeur du Louvre pour un spécialiste de l'art. Tel Spinoza théorisant le *conatus*, Peillon « persévère dans son être » : il veut diriger le parti ! En fait, par son échec cinglant à la primaire de janvier 2017, il est plutôt le fossoyeur de ce socialisme-là, celui des congrès et des motions de synthèse, celui dont Hollande fut le plombier, mais Jospin le forgeron. Tandis que le président François 2 (Hollande) boucle le cycle élyséen ouvert par le président François 1 (Mitterrand), Peillon clôt une certaine histoire du socialisme, emplie de textes sibyllins et de militants retors. Ainsi se consume, dans la grande déchetterie à ciel ouvert des aventures politiques, le temps de Vincent, François, Lionel et les autres…

* * *

En 2008, Peillon aperçoit la terre promise : si Ségolène Royal emporte le congrès de Reims, il est convenu qu'il doit prendre les rênes du parti, tandis qu'elle visera la présidentielle suivante. Mais Ségolène change de tactique, se présente elle-même et échoue – c'est Martine Aubry qui s'impose. L'année suivante, Vincent Peillon tente une OPA sur le courant royaliste pour devenir, si l'on peut dire, un éléphant par la tactique du coucou. Mais Ségolène ne le laisse pas le faire et le contre tandis qu'il tente de se rapprocher des écologistes et des centristes. Paris vaut bien une messe, et le parti vaut bien quelques bassesses. Dans un meeting sauvage organisé à Dijon, là même où François Hollande réussit à garder la main sur le parti en

2003, Peillon tente un hold-up qui échoue. « L'espoir à gauche », le nom du courant de Ségolène Royal, entre dans un irrémédiable déclin que la primaire de 2011 consacrera.

« J'ai relu Robespierre, confie Peillon au moment de lancer sa candidature pour la primaire. Selon lui, il n'y a pas de république possible qui ne soit démocratique. C'est intéressant. » L'intellectuel scrupuleux est parrainé par Anne Hidalgo, et sa campagne organisée par les troupes socialistes de Paris. Hidalgo, qui vise la présidentielle de 2022, a donc besoin de confier au plus vite le parti à un fidèle qui se moque de l'Élysée. Elle rêve du meurtre parfait : Peillon, placé au centre de gravité du parti, empêche Valls de remporter la primaire, qui envoie Benoît Hamon s'écraser, le 23 avril, au premier tour de la présidentielle. Au milieu des ruines, seul tient alors debout la figure de la maire de Paris, et le PS confié à Peillon sert de bulldozer pour déblayer les gravats.

* * *

L'ancien député de la Somme, où les chasseurs communistes pratiquèrent une critique de sa raison pure à coups de chevrotine, se lance, gourmand, dans cette compétition inédite et développe moins un programme qu'une certaine idée du socialisme. Auteur d'une étude sur Maurice Merleau-Ponty intitulée *L'Épaisseur du cogito*, il mesure à loisir celui de ses rivaux. Motions, mouvances, mouvements : il regarde, l'œil brillant, cette idéologie qu'il affectionne serpenter entre les reniements et les innovations, il commente les circonvolutions d'une pensée morte. Tel Pangloss, Peillon voudrait croire que tout va pour le mieux dans le meilleur des partis socialistes possibles, mais la réalité réveille ses scrupules et ses angoisses. Et c'est finalement une oraison funèbre de la gauche qu'il prononce à l'occasion de cette campagne, non sans profondeur. Le socialisme, en effet, relève désormais des historiens…

L'aventure Peillon s'arrête le 22 janvier 2017, avec un maigre 6 % des voix. C'est la facture de deux ans d'absence de tout débat, d'un programme inconsistant et d'un positionnement trouble durant la campagne éclair : sur le fond, il soutient l'essentiel des positions de Manuel Valls ; dans la forme, il lui porte les coups les plus terribles. Même avec son maigre score, Peillon remplit son office, privant Valls de la première place, la seule qui peut lui conférer un espoir de victoire finale dans cette primaire.

Cultivé sans conteste plus que ses rivaux, intelligent avec nonchalance et gravité, comme on l'est dans l'université française, meilleur penseur qu'acteur, Vincent Peillon s'en retourne à ses chères études. En 1994, il avait obtenu 7,9 % au congrès de Liévin. Comme le professe Monsieur Onde dans *Par-dessus bord*, de Michel Vinaver : « De sorte que la fin rejoint le commencement. »

Portrait 10

Najat Vallaud-Belkacem : Louise Michel ou Minou Drouet ?

Un sourire, c'est d'abord des dents. Celui de Najat est éclatant. Celles de Vallaud-Belkacem sont pointues. L'ambition de cette jeune femme est aussi affûtée que son discours égotiste est caché. Elle semble toujours sur le point d'abandonner la politique pour retourner à sa famille ou à son vieux rêve – écrire des chansons, comme elle le confia à André Manoukian. Ne serait-elle qu'une enfant douée vite lasse des figures imposées de la politique, une sorte de Minou Drouet du pouvoir ? Tous les enfants seraient ambitieux, sauf Najat Vallaud-Belkacem ?

À y regarder de plus près, la souriante est une carnassière, une carnivore, une cannibale.

Il y a, dans le quinquennat de François Hollande, les ministres qui ont chuté, pour des raisons diverses, de Cahuzac le malhonnête à Montebourg le malotru en passant par Pellerin la maladroite ; il y a ceux qui ont stagné, dans l'excellence ou la moyenne, tels Jean-Yves Le Drian, Michel Sapin ou Marisol Touraine ; il y a ceux qui ont progressé, gravissant les marches une à une ou par bonds : Bernard Cazeneuve et Najat Vallaud-Belkacem. Passée du Droit des femmes à l'Éducation nationale, elle démarre en benjamine du gouvernement, chargée du porte-parolat et privée d'une puissante administration, puis décroche l'un des plus importants portefeuilles de la République – surtout pour la gauche, si attentive aux enseignants. Vincent Peillon s'use en vingt mois de réformes contestées ; Benoît Hamon explose en vol après vingt semaines de présence discrète, pour complicité de lèse-majesté au côté d'Arnaud Montebourg, en août 2014. Najat Vallaud-Belkacem tient le choc durant plus de deux ans et demi, malgré l'incendie polémique provoqué par sa réforme du collège, et malgré la montée en ligne par roulement des professeurs d'allemand, de latin, de grec ; malgré, aussi, les réformes malheureuses, et avortées, de l'orthographe et de la grammaire ; malgré, enfin, les ABC de l'égalité, qui lui collent le soupçon de vouloir nier la différence entre garçons et filles.

* * *

Dans sa carrière électorale, la ministre mène également ses affaires avec habileté. Pour surprenant qu'il est, son abandon de toute ambition à la mairie de Lyon est sage : jamais Gérard Collomb, si agressif à son égard, ne lui laissera la moindre chance de lui succéder. Mais ce retrait n'est pas un recul, et la voici dotée d'une circonscription législative, à Villeurbanne, qui devrait revenir à la gauche même en cas de désastre électoral. La mairie de feu Charles Hernu, un jour, lui tendra les bras, avec ses gratte-ciel fameux et le Théâtre national populaire.

Le national et le populaire, voici ce que doit travailler Najat Vallaud-Belkacem. Pour le second terme, c'est sur le féminisme qu'elle compte, dans la version intransigeante qu'elle a déployée dans son ministère. Elle n'est pas pour le féminisme poli qui attend les réformes, mais pour un militantisme guerrier qui exige et arrache l'égalité, plus proche de la méthode Louise Michel que de la modération à la Simone Veil. Si elle en fait un combat personnel et le croise avec des revendications économiques et sociales, cette femme issue du regroupement familial et naturalisée à dix-huit ans verra venir à elle, peut-être, les couches populaires qui se reconnaîtront dans ses luttes. Manuel Valls est, comme elle, un Français par acquisition, donc par volonté lucide et opiniâtre, mais il n'est pas du sud de la Méditerranée… Deuxième et troisième générations : combien sont-ils, combien sont-elles à attendre leur représentant(e) authentique dans les combats suprêmes ?

* * *

Flatter le national, l'identitaire, n'en est pas moins compliqué pour elle, et c'est sur ces thèmes qu'elle peut chuter. À la fin de l'été 2016, elle se dévoile – si l'on ose dire – lors de la polémique sur le burkini. Elle est contre le port de ce maillot de bain islamique qui prétend concilier les exigences du Coran avec les nécessités de la plage, mais elle s'oppose à juste titre à l'islamophobie rampante que dissimule cette querelle, puis s'avance, téméraire et fourvoyée, dans la voie identitaire. Najat Vallaud-Belkacem est de ces républicains laïques qui considèrent que la République et la laïcité doivent être plus souples et faire un pas vers ceux qui veulent garder leur identité tout en obtenant les droits accordés aux Français. Si la République concède quelques exceptions, ne va-t-elle pas se dissoudre dans le communautarisme ?

Au nom de la tolérance, la ministre de l'Éducation prêche des concessions qui, pour beaucoup de Français, apparaîtront comme des compromissions. C'est ce que dit la dispute du burkini : tolérer ce vêtement, c'est accepter que l'islam s'affiche dans toutes les circonstances de la vie, que la religion ne relève pas de la vie intime de l'individu mais de sa vie sociale. Et une part croissante d'électeurs, celle notamment qui a fait gagner François Fillon lors de la primaire de droite, considère qu'il faut désormais organiser le reflux de la visibilité musulmane, faire reculer le culturel vers le cultuel. Sans agressivité, sans amalgame avec les djihadistes, ceux-là combattront le communautarisme musulman parce qu'il est musulman, pas parce que c'est un communautarisme. Najat Vallaud-Belkacem sera balayée, et battue dès les législatives de juin 2017, si cette conviction domine la mobilisation de la France de droite.

Pour l'heure, la belle Lyonnaise poursuit son chemin. Cette Marocaine d'origine a déjà emporté avec fierté quelques maroquins… mais c'est l'Élysée qu'elle vise au fond d'elle-même, secret si bien enfoui qu'on ne le mettrait pas au jour en lui arrachant le cœur. Le quinquennat écoulé a montré sa détermination et établi son endurance, tout en épanouissant sa notoriété. Najat Vallaud-Belkacem a effectué un joli parcours, elle peut dessiner un destin. Dans sa génération, nul n'a percé, sauf celui qui, à la fin de 1977, est né deux mois après elle et sourit autant qu'elle : Emmanuel Macron. Avec l'âge, en politique, les sourires se figent, mais les dents continuent à pousser…

Chapitre 10

Continent incontinent
La fin de la gauche européenne, ou pourquoi Jacques Delors est déjà un fantôme

Voilà bien longtemps que les cieux n'envoient plus de signes aux hommes, et que les haruspices [1] font sourire. Pourtant, dans l'éclair qui frappe l'avion de Hollande, en plein vol, alors qu'il se rend à Berlin au premier jour de son mandat, il est difficile de ne pas voir un signe surnaturel. Et ceux qui croient au coup de foudre franco-allemand en sont pour leurs frais... C'est en fait toute la politique européenne du président français qui s'est mise en torche. Dès le début.

François Hollande a tous les atouts en main, quand il arrive au pouvoir, pour être un grand européen, pour relancer l'Union après le scepticisme paresseux de Jacques Chirac, auteur du très souverainiste « appel de Cochin » juste avant les premières élections européennes, en 1979, et l'agitation peu consensuelle de Nicolas Sarkozy. Le nouveau président a d'abord les convictions nécessaires, une sorte de foi continentale, puisqu'il est le

1. Devins qui lisaient la volonté des dieux dans les entrailles des animaux.

fils spirituel de Jacques Delors. À gauche, nul n'est mieux placé pour exprimer une véritable volonté d'unir le continent. Hollande a les compétences, ensuite, tant son art de la synthèse peut être aussi précieux en diplomatie qu'il est émollient en économie. Le calendrier, enfin, est favorable au chef de l'État français, car l'Europe est alors confrontée à une grave crise de l'euro, provoquée notamment par l'état financier de la Grèce : il est urgent de changer les règles et les structures, de réinventer l'Europe. Par ailleurs, un traité de stabilité rude et contesté est en cours d'adoption, que Hollande a promis à ses électeurs de renier ou de renégocier : voilà de quoi opérer un habile chantage, non pour permettre moins d'efforts à la France, mais pour obtenir plus d'Europe politique au-dessus de l'Europe comptable. Enfin, l'Hexagone porte toujours le remords du 30 mai 2005, quand son peuple tua d'un coup de référendum la future Constitution européenne, que le traité de Lisbonne négocié par Sarkozy n'a pas vraiment remplacée. Hollande, alors premier secrétaire du PS, organise et gagne un référendum militant qui assure la légitimité du vote « oui » des socialistes : nombre d'éléphants piétinent le parti et roulent ouvertement pour le « non » – l'un d'eux, Laurent Fabius, est ministre des Affaires étrangères en 2012, et coiffe donc les dossiers européens. En 2005, Hollande refuse de sévir à l'intérieur du PS ; en 2012, il pourrait déguster une subtile revanche en forçant Fabius à le suivre dans une réparation audacieuse des dégâts causés. Tentant…

De tout cela Hollande ne fait rien. Et c'est là le pire de son bilan, la faute, la tache. Dans quelques domaines, telle la guerre, il surprend ; dans de nombreux autres, telle l'économie, il déçoit ; sur l'Europe, il trahit.

Que restera-t-il du bilan européen de ce deloro-mitterrandien ? Un art consommé de la procrastination. Au printemps de 2012, il décide de patienter jusqu'aux élections législatives allemandes de septembre 2013, persuadé que ses amis du SPD vont l'emporter. Pas de chance : Merkel en sort largement victorieuse ! Le Français attend la composition du gouvernement de Berlin, qui traîne pour cause de « grosse coalition » à équilibrer entre chrétiens-démocrates et sociaux-démocrates. Puis il hésite encore, expliquant qu'il ne saurait bouger avant les élections européennes de mai 2014, lesquelles sont suivies par l'installation laborieuse de la nouvelle Commission. La crise de l'euro, puis celle des migrants, sans oublier les attentats qui frappent la France avant de viser l'Allemagne : la fin du quinquennat occupe déjà l'horizon que François Hollande n'a pas encore lancé de grande initiative européenne.

Le choix même des ministres chargés des Affaires européennes signe sa négligence. Bernard Cazeneuve reste moins d'un an en poste avant d'aller remplacer Jérôme Cahuzac, déchu de Bercy. Son successeur, Thierry Repentin, officie un an et douze jours, puis retourne dans l'anonymat. Quant à Harlem Désir, il demeure beaucoup plus longtemps mais laisse aussi peu de traces. Premier secrétaire du PS en échec, il est mis dans ce placard doré où dorment les dossiers les plus importants. L'Europe, jadis ardente obligation pour François Hollande, aujourd'hui lot de consolation pour socialiste en déshérence ! Le choix de Désir est éloquent : un personnage sympathique, inscrit depuis trente ans dans le paysage médiatico-politique, sans aspérité, force de percussion ni goût pour la provocation. Désir aux Affaires européennes, c'est la garantie de n'avoir aucun incident avec Bruxelles et de laisser l'Élysée piloter la diplomatie française de l'Union. Désir aux Affaires européennes, c'est la garantie de n'avoir aucune politique européenne.

À repousser toujours le moment du vrai changement, à sans cesse ajourner l'audace, le président français n'a pas pour autant un bilan nul. En surface. S'il se couche purement et simplement, à l'orée de son mandat, dans l'affaire du traité de stabilité budgétaire, obtenant trois virgules et une réserve de principe mais aucune réorientation de fond, il monte au front à plusieurs reprises. En juillet 2015, c'est avec l'aide de François Hollande qu'Alexis Tsipras parvient à maintenir son pays dans la zone euro, alors qu'Angela Merkel envisage la sortie de la Grèce, au moins provisoire. L'année précédente, lors des cérémonies du soixante-dixième anniversaire du Débarquement, Hollande invente le « format Normandie » pour encadrer les discussions entre la Russie et l'Ukraine, accompagnées par la France et l'Allemagne. Après les attentats de janvier 2015, le président français bouscule avec succès les instances européennes pour que soit adopté le *passenger name record*, la liste partagée des passagers d'avion.

Bilan éclairant : Hollande est un pompier volontaire quand on attendait de lui qu'il fût un architecte. Il se comporte en urgentiste quand on espérait un obstétricien.

La gauche pouvait, la gauche devait relancer la construction européenne dans trois directions. La Défense en est une, et Jean-Yves Le Drian, en septembre 2012, en fait l'objectif majeur de son ministère. Las ! Une tournée des principales puissances militaires l'échaude, puis l'intervention au Mali, première d'une longue suite de conflits, l'absorbe : il n'y aura pas de Défense européenne. Une autre piste est la réorientation de la politique économique de l'Union. Elle bouge… grâce à Mario Draghi ! Si cet infléchissement de la stratégie monétaire de la zone euro satisfait François Hollande, elle ne lui doit pas grand-chose. C'est entre le patron de la Banque centrale et la chancelière allemande que se joue le bras de fer ; tout au plus le président français calme-t-il parfois le jeu, quand il ne compte pas simplement les points. Matteo Renzi, président du Conseil italien, est plus actif que lui, n'hésitant pas à défier Berlin pour que la Banque centrale lui permette, financement à l'appui, de sauver le système bancaire de son pays.

Le troisième axe est la réforme institutionnelle, cette charpente politique qu'il faut démonter et remettre dans le sens du siècle. En mai 2013, Hollande propose un « gouvernement économique » de l'Europe. L'ambition est belle, le résultat est nul, n'égalant pas même le croupion de comité sur la convergence budgétaire franco-allemande imaginé par Nicolas Sarkozy. En juillet 2015, au chevet d'Athènes, le président remet ça, mais c'est un « Parlement de l'euro » qu'il souhaite désormais : autre coup d'épée dans l'eau, ou plutôt autre gesticulation d'un sabre de bois dans l'indifférence générale. Cette carence-là est d'évidence la plus grave, tant l'héritier de Delors a pour devoir suprême de relancer la problématique de l'approfondissement de l'Union. Il peut s'accrocher pour cela à la belle idée des « cercles concentriques » lancée par l'ancien président de la Commission il y a plus de vingt ans, et mettre en place des avancées avec quelques pays. La crise de l'euro, dressant certaines nations contre l'Allemagne, l'aide ; la montée des populismes, déclenchant des forces centrifuges, le favorise ; le Brexit, entraînant une vague d'inquiétude, le renforce. François Hollande manque une occasion historique de créer l'Europe 2.0, d'écrire le « début de la suite », de poser les fondations de l'Europe des politiques intégrées, après celles de la paix, de l'agriculture, du marché puis de la monnaie unique.

En Europe, François Hollande passe à côté de l'Histoire. Ou plutôt en dessous.

* * *

Deux séismes géopolitiques secouent l'Europe durant le quinquennat du président socialiste. Le premier est le drame des migrants ; le second est le Brexit. Quand Angela Merkel décide d'ouvrir les portes de l'Allemagne aux réfugiés venus notamment de Syrie, elle commet une erreur : ne pas prévenir, ne pas associer ses partenaires de l'Union. Hollande, lui, en commet trois : il ne devance pas la chancelière, alors que c'est à la France d'être en pointe quand les droits de l'homme sont menacés ; il ne soutient pas Merkel quand elle se découvre, donnant l'impression que le couple franco-allemand n'est pas automatique ; il ne profite pas de l'occasion pour échanger ce soutien contre d'autres avancées, notamment institutionnelles, tel son « parlement de l'euro ». Manque d'audace ou de machiavélisme ? En politique, c'est souvent la même chose. La riposte de l'Allemagne est cinglante, et Hollande apprend en même temps que toute l'Europe, sans être associé aux discussions ni prévenu de l'initiative, l'accord avec la Turquie sur le contrôle des migrants.

La défaillance de Hollande lors du Brexit est encore plus grave. Au lendemain du vote des Britanniques, une chance formidable s'offre à l'Europe continentale : profiter de cet électrochoc pour amorcer une évolution fédérale – en tout cas, créer une Europe dans l'Europe, un groupe de pays pionniers. Avec la Grande-Bretagne, même en spectatrice, c'était impossible ; sans elle, c'est impératif. Lancer une Europe fédérale à quelques nations, ou au moins proposer l'intégration totale de leurs politiques économiques et fiscales, c'est poser un nouvel horizon, c'est ouvrir l'avenir. Un chemin long, tortueux, criblé d'ornières, mais un chemin. Au lieu de porter cette ambition nouvelle, François Hollande se jette dans une tournée de quelques États, invisible et inutile, afin de préparer le sommet de Bratislava, en septembre 2016. Ce n'est pas une montagne, c'est une colline ; elle n'accouche pas d'une souris, mais d'une fourmi. Ne restera de cette période que la dureté de Hollande, qui exige un Brexit net et rapide.

Il se comporte cette fois en garde-côte, quand on attend un capitaine au long cours. Il réprime alors que l'Europe a besoin qu'il imprime.

* * *

La relation entre Hollande et Merkel explique-t-elle, à elle seule, ce fiasco européen ? Lors de leur première entrevue, le 15 mai 2012, la chancelière trouve le nouveau président « louvoyant », et il l'est ; durant la crise grecque de juillet 2015, elle le soupçonne de manipuler l'Allemagne au profit d'Alexis Tsipras, d'être duplice, et il ne l'est pas ; dans la gestion des migrants, elle considère que Hollande manque aux règles de la solidarité, et c'est le cas. Le couple franco-allemand est plus faible en 2017 qu'il ne l'était en 2012. « Je ne suis pas sûr qu'il y avait de l'amitié entre elle et Nicolas Sarkozy. Lui jouait la familiarité. Moi je ne joue pas. Et elle non plus. Il n'y a pas d'amitié, non, ni même d'accord de principe. Chaque accord entre elle et moi doit être confirmé, répété [1]. » Terrible confidence : s'il n'y a pas d'accord de principe, il n'y a pas de couple franco-allemand ; le couple, c'est l'automaticité de la solidarité, c'est l'accord « sauf si », pas l'accord « à condition que ».

Au moment où l'Europe est travaillée par des forces centrifuges, sur le plan des valeurs avec la montée des populismes et du côté des institutions avec la crise de l'euro et le Brexit, François Hollande et Angela Merkel en grippent le moteur, cette relation entre Paris et Berlin qui entraîne le continent depuis 1957. Elle n'est pas exempte de responsabilités dans ce divorce, trop germano-centrée dans ses politiques, qu'il s'agisse de la monnaie ou des migrants, et même de la relation avec les Russes. Il est largement fautif, qui tente au début de son mandat d'organiser l'Europe du Sud contre l'Allemagne, comme Nicolas Sarkozy avait joué Londres contre Berlin. Merkel est trop allemande et Hollande pas assez français, c'est-à-dire pas assez dans la lignée germanophile qui a permis l'Europe, depuis de Gaulle qui ne voulait plus de guerre jusqu'à Chirac qui ne voulait pas d'ennuis.

* * *

1. *Conversations privées avec le président*, *op. cit.*, p. 257.

Le président de la République n'est pas le seul responsable de cet échec, ni de cette euro-apathie qui frappe la gauche. Jean-Marc Ayrault, professeur d'allemand avant de se dédier à la politique, ne déploie aucun zèle particulier à Matignon, si ce n'est celui de parler la langue de Goethe en public. Le parti qui fut celui de Jacques Delors ne produit aucune pensée, aucune diplomatie politique particulière. Le PS soigne ses relations avec le SPD, son homologue outre-Rhin, alors qu'il devrait, comme parti au pouvoir, traiter aussi avec les chrétiens-démocrates de Merkel. Hollande lui-même aime à recevoir les responsables sociaux-démocrates, alors même que des échéances électorales se profilent en Allemagne. Merkel, il est vrai, laissa les sarkozystes la mettre en avant durant la présidentielle de 2012, jusqu'à évoquer sa présence lors d'un meeting – elle ne vint bien sûr pas.

François Hollande se comporte en militant plus qu'en président, il est socialiste avant d'être européen.

Au gouvernement, Arnaud Montebourg ne se prive pas de critiquer l'Allemagne : dès le mois de novembre 2011, principal renfort du candidat Hollande à la primaire, il avait comparé la chancelière à Bismarck… Ministre du Redressement productif, il charge les institutions européennes et la rigueur monétaire allemande autant que le capitalisme américain. La même germanophobie de base baigne les propos et les écrits de Jean-Luc

Mélenchon, auteur de *Le Hareng de Bismarck*. À la suite de Jean-Pierre Chevènement, mais sans la puissance intellectuelle de l'ancien maire de Belfort, toute une gauche souverainiste appuie son nationalisme sur un réflexe antiallemand. Plutôt que de chercher en France les raisons des problèmes de la France, cette gauche préfère en accuser l'Allemagne.

Si le socialisme finissant n'est pas européen, c'est qu'il y a de moins en moins d'Europe socialiste. Depuis Tony Blair, la gauche britannique n'a plus grand-chose en commun avec le PS français. Quand arrive le virage à gauche incarné par Jeremy Corbyn, la même distance se crée, mais symétrique : le PS est trop à droite, trop gestionnaire pour suivre ce Labour-là. Avec les accords Hartz, l'Allemagne sociale-démocrate de Gerhard Schröder s'éloigne dès 2003 d'un socialisme français jeté dans l'opposition et qui cherche son salut électoral dans la surenchère sociale et la défense des droits acquis. Le Pasok grec disparaît, débordé par le radicalisme de Syriza. Le PSOE espagnol prend la même direction, si concurrencé par Podemos qu'il préfère laisser le pouvoir à la droite que composer avec cette gauche basiste. Le socialisme français n'a plus, en Europe, ni allié ni disciple. Il est une étoile morte dont la lumière serait à l'inverse des astres de l'univers : elle s'éteint d'abord au lointain avant de mourir ici.

« Le nationalisme, c'est la guerre ! » Quand il prononce, énergique, cette phrase historique devant le Parlement européen, le 17 janvier 1995,

François Mitterrand lègue à ses héritiers un devoir suprême : protéger la paix en renforçant l'Europe. Peu après le second conflit mondial, en mai 1948, Mitterrand se rend au Congrès de La Haye, considéré comme l'un des événements fondateurs de l'Europe, appuyé sur une volonté clairement fédéraliste. Aujourd'hui, non seulement le PS n'a pas su empêcher l'émergence d'une gauche souveraino-populiste, derrière Jean-Luc Mélenchon, mais il tolère en son sein, à l'exemple de Montebourg, des eurosceptiques patentés. En fait, le PS ne s'est jamais remis du vote de mai 2005, quand la majorité des Français a déjugé la majorité des militants et rejeté la Constitution européenne. La minorité du parti, anti-Union européenne, se sent alors en phase avec la majorité du pays, et si elle ne gagne jamais de congrès ni de primaire, si elle ne met la main ni sur l'appareil ni sur la présidentielle, elle infléchit la position socialiste sur l'Europe. En 2007, le PS traverse une minicrise quand il soutient le traité de Lisbonne négocié par Nicolas Sarkozy, alors qu'il s'agit de récupérer l'essentiel du texte rejeté en 2005 : Benoît Hamon, secrétaire national à l'Europe et ex-« noniste », rend son tablier. Au pouvoir, les grands choix économiques – et les grandes querelles – viennent de la schizophrénie socialiste : rester à gauche dans une Europe qui l'est de moins en moins, y compris dans les pays dirigés par des sociaux-démocrates, et cultiver une exception française, ou bien privilégier la proximité avec l'Allemagne et assumer un puissant réformisme social-libéral ?

François Hollande, une fois de plus, tente la synthèse – ne pas diviser le parti, ne pas fâcher Berlin –, et c'est cela qui le mène à l'immobilisme. Il obtient de cette position quelques avantages, telle la tolérance reconduite de Bruxelles vis-à-vis des déficits français, mais elle l'empêche d'être un grand européen, ou même un européen passable. Jeune politique, il se donna deux mentors, François Mitterrand et Jacques Delors ; il les a trahis tous les deux.

CHAPITRE 11

Désert culturel
La fin de la gauche artistique, ou pourquoi Jack Lang est enterré vivant

Saadiyat, île avec vue sur la mer, comme il se doit. D'ailleurs, elle est entrée par les chenaux et entoure la coupole de 180 mètres de diamètre qui surplombe de ses dentelles cinquante-cinq petits bâtiments reliés les uns aux autres. Le Louvre installé à Abou Dhabi reçoit, le samedi 3 décembre, le président François Hollande. Ou plutôt le futur ancien président François Hollande, puisqu'il a annoncé le jeudi précédent, à 20 heures, son retrait de la compétition élyséenne de 2017. À son côté, Marc Ladreit de Lacharrière, le milliardaire et mécène que Jacques Chirac a chargé de suivre le projet depuis 2006. Visite symbolique pour un moment symbolique. Et si la culture était une priorité pour François Hollande ?

Arles, le 7 juillet 2016. L'École nationale de la photographie accueille le président, qui visite, juste à côté, un bâtiment construit par Frank Gehry. Le chef de l'État a de bonnes nouvelles : le budget de la culture augmentera en 2017 de 5 %, pour franchir la barre symbolique des 10 milliards d'euros et le seuil tout aussi symbolique du 1 % du budget de la nation. Après les baisses opérées en début de mandat, qualifiées ensuite d'« erreurs » par Manuel Valls, c'est un revirement net et inattendu. Et si la culture était une priorité pour François Hollande ?

La réalité est hélas tout autre. Et la faible préoccupation culturelle du président n'est que le symptôme d'une gauche qui n'a plus de réflexion en la matière, étouffée entre des collectivités locales qui agissent bien mais ne théorisent pas et des technocrates qui comptent bien mais ne pensent pas.

* * *

La volte-face budgétaire de François Hollande est intéressante : pourquoi la culture, qui n'apparaissait pas au rang des priorités dans le programme présidentiel en 2012, est-elle promise au rabot avant d'être généreusement dotée ? Si un locataire de l'Élysée se montre épris des arts et des lettres, il ne le découvre pas après son arrivée au pouvoir, mais des années avant. Pompidou avec la poésie ou l'art contemporain, Mitterrand avec la littérature et l'architecture, Chirac avec les arts premiers : chaque président s'avance avec sa personnalité culturelle, avec son identité. La culture est une question de désir, non de budget ; de volonté, non de moyens. Impossible avec François Hollande de savoir s'il est un fan de cinéma, un inconditionnel de la bande dessinée ou un spécialiste de l'opéra. Il aime la culture en honnête homme du XXIe siècle, parce que cela fait partie de la vie sociale de sa classe et parce que cela procure des plaisirs variés. Amateur de tout, curieux de beaucoup, spécialiste de pas grand-chose et fou de rien, Hollande considère la culture comme un chapitre de l'action publique, comme une matière scolaire. D'ailleurs, dans aucun des nombreux livres de confidences auxquels il se prête tout au long du quinquennat il n'aborde en profondeur les sujets culturels. On parle économie, social, sécurité, international, mais jamais culture. Comme s'il n'y avait pas accordé d'importance ; comme s'il n'avait rien accompli de majeur. Parce qu'il n'y a pas accordé d'importance ; parce qu'il n'a rien accompli de majeur.

Car il est une règle pour la politique culturelle sous la Vᵉ République : aucun gouvernement ne laisse de traces s'il n'y a pas à l'Élysée un président attentif, acharné ; aucun ministre ne réussit à imprimer sa marque s'il n'a pas un lien direct, privilégié, avec le chef de l'État. Charles de Gaulle et Malraux forment le premier exemple de cet indispensable duo, François Mitterrand et Jack Lang en offrent l'avatar le plus abouti. En dehors de ce tandem, il n'y a guère de salut. Valéry Giscard d'Estaing nomme en Michel Guy un secrétaire d'État à la Culture d'une grande finesse, mais leur duo ne brûle pas les planches. Nicolas Sarkozy choisit avec Frédéric Mitterrand un ministre inspiré, mais le supporter numéro un du PSG vit une conversion tardive à la culture, sous l'influence de Carla Bruni, et n'a plus le temps d'en faire une force de son quinquennat. Pour les arts, la bonne – la seule – politique, c'est un couple moteur.

À président faible en culture, ministre de la Culture faible. Quand il choisit Aurélie Filippetti pour la Rue de Valois, François Hollande pense réaliser une triple habileté : la députée lorraine est une romancière délicate, ce qui va plaire aux artistes ; elle appartient à une frange radicale du PS et vient de l'écologie politique, ce qui ne peut déplaire aux milieux culturels ; c'est une femme, télégénique et d'une sensibilité subtile, mi-farouche mi-fragile, ce qui va séduire les médias. Il commet en fait une triple erreur. Aurélie Filippetti, consciencieuse mais sans grande expérience de l'administration, est dévorée par la technocratie du ministère et encore plus par celle de Bercy, où domine dans les premiers mois du quinquennat, pour établir le budget 2013, son ennemi personnel et politique, Jérôme Cahuzac. Par atavisme, par sentiment et par conviction, la ministre se passionne pour l'industrie et les couches populaires qui lui sont attachées. Secrétaire d'État à l'Industrie, elle eût été plus alerte et sans doute plus utile qu'à la Culture – elle semble d'ailleurs plus enflammée par le drame de Florange, en tant que députée d'une circonscription voisine, que par ses grands dossiers. Les artistes aiment les ministres très politiques, puissants auprès du prince, et ont été flattés quand le nom de Martine Aubry circulait pour s'occuper d'eux : la maire de Lille à la Culture, c'était la garantie d'avoir des budgets solides, une visibilité tonitruante et l'attention effarouchée de l'Élysée. Aubry, c'était redoutable ; Filippetti, c'est sympathique. Les corporations se sentent considérées quand elles croient que le pouvoir les craint. Nommer la svelte Aurélie Rue de Valois, avec sa longue silhouette de danseuse discrète, relevait de l'attention, pas de la considération.

Enfin, les médias « n'accrochent » pas. La coqueluche s'épuise vite et le gouvernement offre d'autres stars beaucoup plus actives et spectaculaires, tels Manuel Valls à l'Intérieur, Christiane Taubira à la Justice et Najat Vallaud-Belkacem aux Droits des femmes. Aurélie Filippetti sait assister aux événements de la vie culturelle, discuter avec les milieux culturels, mais elle ne sait pas incarner la culture. Alors qu'elle s'enlise dans des discours trop longs, terrifiée à l'idée de commettre une erreur qui lui vaudrait la risée des réseaux sociaux, l'ombre impitoyable s'avance, qui la recouvre et l'éteint, l'engloutit presque : celle de Jack Lang. L'ancien ministre de la Culture est en fait, à gauche, l'éternel ministre de la Culture, il semble avoir quitté le poste sans être vraiment remplacé. Il avait une vision (démesurée), un discours (lyrique) et un personnage (fantasmagorique). Il avait aussi pour lui d'avoir dirigé de grands établissements culturels avant d'être ministre, et connaissait l'administration pour l'avoir affrontée.

Les deux femmes qui succèdent à Aurélie Filippetti renseignent tout autant sur l'état de la pensée culturelle à gauche. Fleur Pellerin et Audrey Azoulay sont deux spécialistes ; ni l'une ni l'autre n'est une élue... Pellerin, passée par la Cour des Comptes, a brillé au service du numérique, mais chute brutalement le jour où elle confie n'avoir jamais lu de roman de Patrick Modiano, tout nouveau Prix Nobel. L'omission est pardonnable, l'aveu est touchant, mais avoir nommé ministre un tel profil montre la priorité : obtenir une performance juridique, assurer les textes complexes qui concernent notamment le monde virtuel. Un ministre de la Culture doit-il mieux connaître le droit que la littérature ? Jack Lang, encore lui, est aussi juriste... En fait, il ne faut pas nommer un magistrat cultivé, mais un artiste qui sait porter la robe... Audrey Azoulay, elle, vient des médias et du cinéma, dont elle a solidement dirigé le Centre national. Issue de la même promotion de l'ENA que Fleur Pellerin, elle assure la continuité technocratique et n'offre aucune dimension supplémentaire au quinquennat. Notes, textes, discours, amendements... Tout est là, sauf l'élan. C'est un sans-faute et un sans-souffle. Demeure la consolation des chiffres avec cet ultime budget, en hausse, même si les députés socialistes rognent l'augmentation prévue de la redevance.

* * *

L'argent, éloquent miroir de la stratégie culturelle de François Hollande. Comme un résumé de l'absence de pensée culturelle à gauche, l'État socialiste décide de ne subventionner que les collectivités territoriales qui maintiennent leur propre effort budgétaire. Le local mène, le national suit. Des dizaines de villes embrayent sans mot dire, et il y a donc des dizaines de politiques culturelles en France, et non une seule. Il ne s'agit pas de revenir aux dogmes du bon goût et de l'art officiel décrété par l'entourage du roi, mais seules des impulsions centrales peuvent donner une couleur à un mandat politique. De Gaulle et Malraux inventent les Maisons de la culture, à la fois décentralisées et nimbées d'une même idée éducative. François Mitterrand lance les grands travaux, pour laisser sa trace dans l'Histoire, mais pour relever aussi certains paysages urbains. Avec Hollande, les maires sont des mini-ministres, qui transforment des théâtres en centres à vocation sociale, comme le fait Anne Hidalgo à Paris, ou multiplient les grands événements populaires, comme Gérard Collomb à Lyon ou Martine Aubry à Lille.

Tout est possible, rien n'est pensé : peut-être est-ce cela, la gauche…

La technocratie a des effets plus funestes encore. Au Festival d'Avignon, l'interdiction est formulée aux troupes de faire jouer leurs comédiens plus de sept jours d'affilée, alors qu'il s'agit des trois semaines les plus importantes de leur saison ! Les compagnies s'échangent donc des créneaux, se refilant leurs jours de pause obligatoire pour jouer deux fois le sixième jour et zéro fois le septième, sauvant ainsi leur nombre de représentations. Bêtise kafkaïenne ! Pendant ce temps, la loi n'interdit pas à un comédien de jouer dans dix spectacles par jour, pourvu que tous marquent un jour d'arrêt – mais pas forcément le même ! On peut se tuer à la tâche, à condition de se reposer quand l'administration l'exige. En revanche, quand la peur des attentats vide les salles de spectacle, après le 13 novembre, l'État n'aide pas les compagnies victimes d'annulations et ne s'intéresse qu'aux établissements, qui menacent de baisser le rideau.

C'est la même logique comptable et juridique qui mène le gouvernement à réformer le régime des intermittents du spectacle : on revient à la nécessité de travailler 507 heures sur une année fixe, avec date anniversaire, pour être indemnisé – revendication des syndicats d'artistes. La gauche croit pérenniser le système, elle entérine le déficit ! Elle croit acheter la paix, elle amorce une bombe comptable. Un jour, les contribuables cesseront de payer, ou bien un pouvoir populiste dénoncera la gabegie, alors le régime d'assurance-chômage entrera en faillite et des milliers d'artistes devront accepter un petit boulot le jour s'ils veulent se produire le soir. Si la gauche était la gauche, elle aurait sauvé pour de bon l'intermittence, en exigeant des corporations un grand ménage parmi ses bénéficiaires et en exerçant une inflexible police des pratiques, afin de bannir les faux cachets, les heures achetées et les formations bidon. Si la gauche était la gauche, elle aurait travaillé à des solutions de remplacement : la redéfinition des règles à respecter pour intégrer le régime, ou bien l'intégration du budget des intermittents à celui de la Culture – à charge pour le ministère et les syndicats de le gérer…

Jadis, la gauche, révolutionnaire, prétendait inventer des systèmes plus justes et plus efficaces. Aujourd'hui, la gauche, conservatrice, se démène pour prolonger ce qui ne marche plus et coûte des fortunes à la collectivité.

* * *

Aussi charmante que compétente, Audrey Azoulay incarne à son corps défendant l'épuisement de la gauche culturelle. Il ne s'est donc pas trouvé un élu local éminent, grand maire ou puissant président de région, pour venir Rue de Valois s'occuper de ce trésor des pauvres qu'est la culture ? Pas un secrétaire national du parti, fort d'années de réflexion théorique sur la gauche et la culture, pour offrir ses services ? Les plus fameux personnages, comme Martine Aubry ou Bertrand Delanoë, refusent le poste proposé. Des personnalités médiatiques et néanmoins expertes, comme Laure Adler, qui conseilla François Mitterrand, ou Anne Sinclair, qui éclaira Dominique Strauss-Kahn, déclinent à leur tour. Le ministère de la Culture ne fait plus rêver les élites de gauche : qui est le plus mal en point, la gauche ou la culture ?

Quand le prince en est réduit à nommer ministre son conseiller, fût-ce une conseillère, c'est que le prince est bien seul, abandonné de tous, ou que son entourage est bien entreprenant, qui l'a coupé de tous… Pour Hollande, en matière de culture, les deux phénomènes jouent. Avec trois ministres nommés en moins de quatre ans, rien de grand ne peut être accompli. Quant à son cabinet, privé de toute autorité centrale, il est vite devenu une addition d'ambitieux, lourds de mérites, sans doute, mais plus légers de scrupules. C'est un gâchis.

Une politique culturelle de gauche, ce peut être garantir l'accès des plus pauvres aux musées et aux spectacles, bâtir de nouvelles institutions, inventer des financements inédits, favoriser les amateurs, doper la numérisation des contenus, aider au rayonnement international, protéger les créateurs contre le piratage… Tout cela a été abordé et bien d'autres actions utiles ont été menées, car cela fut un quinquennat de réglementations multiples. Mais de grande idée, de vent de liberté, de vision pour la France, de révolution, point.

Le bilan culturel des présidents ressemble en fait à leur principal défaut : paternaliste avec de Gaulle, élitiste avec Pompidou, bourgeois avec Giscard, mégalomane avec Mitterrand, distrait avec Chirac, people avec Sarkozy. Avec Hollande, il est tristement banal.

À peine peut-on se consoler en pensant qu'avec un tel empilement d'échecs le quinquennat Hollande fera une superbe compression à la César…

INTERLUDE 5

Ce que François Hollande et Jacques Chirac se diront le 14 mai 2017

Paris, rue de Tournon, 14 mai 2017, 17 heures

Jacques Chirac : Ah ! François ! Je t'attendais…

François Hollande : Bonjour, monsieur le Président.

JC : Bah bah bah… Pas de ça entre nous. Tu m'appelles Jacques. On est dans le même club, le seul qui compte : celui des présidents de la Corrèze ! Le reste, c'est des fariboles. La Corrèze, c'est éternel.

FH : Je vais pouvoir y retourner plus souvent…

JC : Veinard ! Alors, c'est pour demain ?

FH : Oui, à 11 heures.

JC : Je m'en souviens comme si c'était hier. Avec Mitterrand, tout était nickel. Plus un carton, plus un papier. On aurait dit qu'une famille avait oublié son vieux après un déménagement. Il était minuscule, le pauvre, translucide à cause de la maladie. Mais quand j'ai voulu l'accompagner jusqu'à sa voiture – tellement j'avais peur qu'il tombe – et qu'il m'a fait signe de ne pas aller plus loin, j'ai pas moufté et suis resté comme un couillon sur le tapis, à trois mètres, à agiter la main. Un sacré bonhomme, ce Mitterrand…

FH : Et quand vous êtes parti, en 2007 ?

JC : Ça n'a pas traîné non plus. Sarkozy était excité comme une puce, il regardait partout, il ouvrait même les portes des placards, on aurait dit qu'il visitait un appartement à vendre. Mais il s'est comporté correctement, il m'a même dit du bien de Juppé. Ah ! Un détail important : fais gaffe au code nucléaire. Je l'avais posé sur mon bureau, les déménageurs sont passés, impossible de remettre la main dessus ! Je l'ai retrouvé cinq minutes avant l'arrivée de Sarko. Mitterrand, lui, l'avait mis dans la poche de sa veste quand Giscard le lui a donné, et les services ont dû aller le récupérer au pressing !

FH : Je ferai attention. En tout cas, je suis ravi de vous voir en forme… J'étais inquiet…

JC : Oui, j'aime bien laisser croire que je vais mal. On me fout la paix. Le meilleur moyen pour que les raseurs me laissent tomber, c'est de ne pas les reconnaître quand ils viennent me voir. Même Bernadette, quand je fais semblant de la prendre pour sa mère, elle est gentille avec moi. Ça la désarme…

FH : J'aurais dû essayer ça avec Valérie…

(Ils rient.)

JC : Tu vois, tu as gardé le sens de l'humour, c'est l'essentiel : c'est ce qui te sauvera.

FH : Avec ce que j'ai pris dans la figure pendant cinq ans, si j'avais pas eu le sens de l'humour, je me serais pendu…

JC : Faut dire que tu t'es planté dans les grandes largeurs, quand même…

FH : À votre avis, où est-ce que je me suis trompé ?

JC : D'abord, tu étais mal entouré. Faut toujours avoir un crâne d'œuf à côté de soi pour tenir l'administration. Les fonctionnaires, ils ne respectent pas les élus, ils respectent les diplômés. Même en étant énarque, je n'arrivais pas à me faire obéir des technos. Heureusement, j'avais Juppé. Avec lui, ça tournait. Pas très utile au cul des vaches, le Juppé, mais parfait pour les ronds de cuir. Toi, avec Ayrault, t'étais mal barré…

FH : Je sais, j'aurais dû mettre Fabius à Matignon.

JC : Et puis ta manie des réformes ! Quelle idée, ce mariage pour tous ! Ça t'a rapporté quoi ? Les homos votaient déjà presque tous à gauche. Et ça t'a mis des millions de gens dans la rue. Et maintenant ils votent Le Pen ou Fillon parce qu'ils sont coincés de la braguette. Bravo ! Et en plus t'as voulu changer le Code du travail ! Un truc qui te pète à la gueule si tu touches à une virgule, un machin qui date du Front populaire ou de la Résistance… Tout ça pour faire plaisir à des patrons qui ne voteront jamais pour toi. Encore bravo ! Moi, les seules emmerdes graves que j'ai eues, c'est quand j'ai laissé Juppé et Villepin faire leurs réformes. Là, je l'ai senti passer. Jospin, au moins, il s'est tenu tranquille. À part les 35 heures qui nous ont mis loin derrière les Allemands, et le Pacs, qui lui est retombé sur le nez…

FH : Faut quand même bien changer les choses…

JC : Non ! Les choses changent quand elles doivent changer. Et le politique suit. Un président est là pour réagir aux événements, pas pour bouger les choses. Tiens, regarde-moi, avec la Bosnie ou l'Irak : j'ai réagi à ce qui se passait. Et toi aussi, avec le Mali ou les attentats. Et c'est là que tu as été le meilleur, les Français te l'ont dit.

FH : C'est vrai…

JC : C'est pour ça que les gens élisent des Corréziens : pour ne rien faire, pour ne pas toucher à leur France. Pareil pour Pompidou ou Mitterrand : le Cantal, la Nièvre, la Corrèze, c'est la France du milieu, elle a les pieds sur terre depuis des siècles, elle ne s'excite jamais. C'est pas comme la côte, où les gens rêvassent, ou bien les villes, où ils s'agitent comme des lapins.

FH : Donner du temps au temps, quoi…

JC : Donner tout le temps au temps, oui.

FH : Pourtant, on me reproche souvent de trop chercher la synthèse…

JC : Au contraire, c'est ta marque, la synthèse, il fallait aller jusqu'au bout ! Tu vois tout le monde, tu décides rien et personne n'est fâché. Et puis on passe à autre chose. Toi, tu prenais toi-même des décisions qui déplaisaient à la moitié des gens ! C'est con comme une valise sans poignée ! Ça sert à quoi, d'avoir des ministres, si c'est pas pour être impopulaires à ta place en annonçant des conneries ?

(Un temps.)

FH : Dommage que j'aie pas deux ans de plus. Le temps que je comprenne comment ça marche, l'Élysée, le mandat est fini.

JC : Ah ! Ça ! Le quinquennat, c'est une belle connerie, je l'ai toujours dit. On le doit à Giscard et à Jospin, donc c'est sûr que c'est une connerie, y a pas à discuter… *(Un temps.)* Tu vas faire quoi, maintenant ? Tu es encore jeune, tu peux revenir dans cinq ans. Ça sera pas trop dur, à voir les rigolos qui essayent de te succéder à gauche…

FH : Non… Le parti, les militants, les électeurs… Tout ça, j'en ai ma claque. Julie veut que je fasse du cinéma. J'ai pas dit non… Ou alors l'Europe ? J'aimerais bien voir le match Poutine-Trump de près, quand même… *(Un temps.)* Et vous, président, quels projets ?

JC : Moi ? Oh… Je vais mourir, je crois… Mais ça m'en touche une sans faire bouger l'autre…

Épilogue
La gauche est morte, vive la gauche !

Ce jour-là, il ne pleuvait pas. Il faisait froid, il faisait gris, mais il ne pleuvait pas. Ce jour-là, François Mitterrand était encore président et la France, encore socialiste. C'était il y a vingt-deux ans, c'était il y a mille ans.

Dans la minuscule salle des fêtes de l'hôtel de ville de Liévin, une lumière triste entre par la fenêtre, de la teinte des cendres de charbon qui font aussi, dans ce coin du Pas-de-Calais, le paysage. Ce 19 novembre 1994, François Mitterrand vient rendre hommage aux quarante-deux mineurs tués d'un coup de grisou, le 27 décembre 1974. Devant les chevalets muséifiés, il glorifie les luttes d'antan, celles des caisses de retraite, des premiers jours de congés payés et des bases de la future Sécurité sociale. Celles aussi de l'industrie et de l'emploi, de cet immense effort collectif qui assura la croissance de la France et, par là, sa puissance et son indépendance. En 1994 déjà, en 2017 encore plus, cette épopée est derrière nous, il n'y a plus de mines à Liévin, de moins en moins d'industries lourdes dans le pays et de plus en plus de chômeurs. La gauche a eu sa part de gestion du déclin, affronté parfois avec courage, parfois avec hypocrisie.

Si le président vient à Liévin, c'est que le Parti socialiste tient congrès en cette ville. La direction, celle d'Henri Emmanuelli, est très à gauche, mais chacun espère que Jacques Delors sera candidat à la prochaine présidentielle. Delors, l'homme du tournant de la rigueur en 1983 ; Delors, l'homme de l'Europe, prioritaire face au socialisme. « J'ai avalé beaucoup de couleuvres, mais c'est la première fois que l'on me dit que la couleuvre va m'avaler », s'étouffe Jean-Luc Mélenchon.

D'un geste, alors qu'ils se lèvent tous en même temps que lui, Mitterrand fait asseoir les élus qui l'entourent, puis distille une leçon de socialisme politique, un bréviaire de la conquête du pouvoir. « Chers amis, (...) vous n'allez pas d'un coup reconquérir tous les terrains perdus, mais n'oubliez pas que vous en avez gagné beaucoup. La vie, comme le combat politique, est faite de méandres, de flux et de reflux. C'est le mouvement même de la vie. (...) Mais vous ne rencontrerez la victoire que si vous la forcez ! C'est une affaire de volonté, de continuité et de clarté d'esprit dans la fidélité aux engagements qui sont les vôtres. On ne pourra rien faire – c'est la conviction que j'ai acquise au contact des socialistes, à partir des années soixante-dix – si on s'éloigne de ces bases... On peut à partir de là élargir l'horizon, on peut comprendre le langage des autres, on peut même en assimiler une partie, rien n'est interdit, à condition de ne rien perdre de ce qui fait le message dont on est les porteurs ! (...) Je souhaite à l'équipe dirigeante qui va se constituer de savoir maintenir son unité dans sa diversité, cela va de soi. Cela ne peut pas être autrement chez les socialistes, mais au moins son unité pour un même combat, pour une même victoire qui ne sera pas uniquement la vôtre, qui sera celle de nos idées, qui sera celle aussi des classes et des groupes sociaux dont vous êtes les interprètes et qui, sans vous, seront abandonnés. Abandonnés à toutes les fureurs des intérêts privés, abandonnés à toutes les colères de ceux qui ont eu peur. »

Comme tout soleil en son crépuscule, François Mitterrand émet une lumière plus douce et plus rouge qu'en son zénith. Il prône un socialisme serein mais pur, fidèle au point d'être archaïque, qui place l'unité au-dessus de la diversité. Vingt-deux ans plus tard, les ennemis du PS sont les mêmes, et la droite est plus libérale que jamais avec François Fillon, tandis que les colères et les peurs ont redoublé, offrant au Front national des records électoraux. En revanche, le socialisme est mort.

* * *

Parce qu'elle est la nature de la démocratie, la politique a horreur du vide. Par définition, il y aura une majorité et une opposition. Si ces rôles sont respectivement dévolus à la droite et au Front national, comme ils furent répartis entre les gaullistes et les communistes en 1958, le PS mettra au moins un quart de siècle pour revenir au pouvoir. S'il parvient à sauver sa place de premier parti d'opposition, il peut espérer gouverner dans cinq ans. Si Emmanuel Macron est élu président de la République, le socialisme ne reprendra jamais les commandes du pays, parce que la mutation idéologique du pays sera irréversible et que les définitions mêmes seront caduques. Alors, les militants et les élus de gauche, pour servir leur idéal, devront investir le macronisme pour lui mettre du rose dans les veines.

Ressusciter, ce n'est pas répéter, ce n'est pas recommencer. Le PS nouveau doit tirer les leçons des quarante années écoulées en modernisant sa vision économique, ses revendications sociales et son engagement européen.

Réconcilié avec l'entreprise à partir de 1983, rallié à la politique de l'offre et de la compétitivité avec le Pacte de responsabilité de 2014, le PS doit aller plus loin et mettre la création de richesses au rang de ses priorités. Avec la candidature de Benoît Hamon, qui ne croit plus en la croissance, pense que l'emploi va se raréfier et veut remplacer le salaire par le revenu universel, le socialisme part à l'envers.

Fâché avec les partenaires sociaux à cause de la loi Travail, le PS doit proposer l'adhésion obligatoire de tout salarié à un syndicat de son choix. Il en résulterait un syndicalisme de service, obligé de rendre des comptes à ses membres et de troquer l'obstruction idéologique pour la négociation pragmatique. Les syndicats ne sont plus légitimes parce qu'ils n'ont pas assez d'adhérents. Avec une telle réforme, la quantité des syndiqués vaudra légitimité. C'est à la gauche, c'est au Parti socialiste de porter cette réforme. Au début du XXe siècle, le socialisme a forgé dans les usines et les ateliers la première légitimité sociale, celle de la lutte contre l'injustice. En 1945, le socialisme a bâti une nouvelle solidarité, celle de la « Sécu ». Aujourd'hui, le socialisme doit inventer, avec la mobilisation raisonnée et le syndicalisme de masse, la nouvelle ère du social, celle de la fraternité. Avec la candidature de Benoît Hamon, les syndicats, qui refusent une telle réforme, trouveront un complice en immobilisme. Le candidat vient sur leur ligne, notamment par l'abrogation de la loi El Khomri : pourquoi lui feraient-ils la moindre concession ? Sur le terrain social, la gauche part de travers.

Enfin, le socialisme de demain ne peut qu'être européen, très européen, et réveiller la cause fédéraliste. Parce que c'est la seule manière de contrer les populo-nationalismes qui croissent presque partout, parce que c'est le seul moyen de peser face aux grands ensembles géopolitiques, parce que c'est la seule échelle qui permette d'accomplir les réformes. Parce que « la France est notre patrie, l'Europe est notre avenir », comme le disait François Mitterrand. Or, Benoît Hamon a voté non au référendum du 29 mai 2005 et démissionné du secrétariat national au projet européen en novembre 2007, quand le PS approuve le traité de Lisbonne. Pour la cause de l'Europe, le socialisme part à rebours.

* * *

Le reste de la gauche est à l'unisson de ce délitement. L'écologie politique a perdu toute crédibilité au cours du quinquennat Hollande. Sans leader incontesté, sans idées fortes, sans compétences avérées, sans fiefs électoraux, les Verts sont durablement disqualifiés. Le radicalisme, tout aussi incapable de dégager une figure charismatique, incapable de défendre efficacement sa cause fondatrice, la laïcité, est une fleur fanée que nul arrosage électoral ne ravivera jamais. Enfin, enfermé dans une radicalité définitive, le communisme ne reviendra jamais vers le socialisme.

Avec Jean-Luc Mélenchon et Benoît Hamon, la gauche n'a pas les bons candidats pour être crédible à gauche ; avec Emmanuel Macron, la gauche a le bon candidat pour être crédible, mais au centre et à droite… Dans un tonitruant grincement de porte, le quinquennat de François Hollande a refermé le sépulcre de l'ancienne gauche. Un jour, quelqu'un ouvrira le berceau de la nouvelle. Peut-être Emmanuel Macron, dès le 7 mai prochain, s'il est élu président de la République en dynamitant les clivages. Peut-être Benoît Hamon, Manuel Valls ou Arnaud Montebourg au début de l'été 2017, lors d'un grand congrès de refondation du Parti socialiste. Peut-être dans cinq ans ou plus, après une longue guerre fratricide, quand Najat Vallaud-Belkacem, ou un autre enfant des années soixante-dix ou quatre-vingt, prendra le pouvoir dans le parti. En 1969, la SFIO, en son ultime avatar, meurt d'un désastre à la présidentielle et, surtout, de n'avoir rien compris aux mouvements mondiaux de l'année 1968. Deux ans après, François Mitterrand prend la tête du Parti socialiste et part pour une épopée de vingt-cinq années, dont dix de conquête. Parce qu'elle n'a pas compris le bouleversement absolu causé, sur toute la planète et dans toutes les strates de la société française, par la mondialisation numérique, la gauche va mourir lors de la prochaine présidentielle – en fait, elle est déjà morte, mais elle ne le sait pas, elle ne veut pas le savoir.

La droite peut gagner parfois en n'étant pas de son temps, la gauche disparaît si elle cesse d'être en phase avec l'époque. L'archaïsme est un défaut, une verrue à droite ; c'est une maladie mortelle, un cancer à gauche.

Mais dans les urnes, au lendemain des élections, les cendres ne restent pas longtemps froides. L'avenir ne se subit pas, il se bâtit, et le mot « fatalité » n'appartient pas aux dictionnaires politiques. Néanmoins, pour que le socialisme ouvre un chemin et découvre de nouveaux continents, il lui faut déchirer ses vieux portulans.

Les derniers jours de la gauche

Aujourd'hui, il est minuit dans le siècle pour la gauche française, et son horloge ne retarde pas : elle recule.

Remerciements

Merci à Éric Maitrot, pour avoir imaginé et accompagné ce projet.

Merci à Christine Roy-Gorlier, pour sa bienveillance attentive.

TABLE

Cet ouvrage a été mis en page par

<pixellence>

CET OUVRAGE
A ÉTÉ ACHEVÉ D'IMPRIMER
SUR ROTO-PAGE
PAR L'IMPRIMERIE FLOCH
À MAYENNE EN FÉVRIER 2017

N° d'édition : L.01ELKN000652.N001. N° d'impression : 90718
Dépôt légal : février 2017
Imprimé en France